博雅语言学书系

HUAYU CESHI ZHONG DE YUEDU YANJIU

华语测试中的阅读研究

王汉卫 著

北京大学出版社
PEKING UNIVERSITY PRESS

图书在版编目(CIP)数据

华语测试中的阅读研究/王汉卫著. —北京:北京大学出版社,2012.6
(博雅语言学书系)
ISBN 978-7-301-20635-5

Ⅰ. 华…　Ⅱ. 王…　Ⅲ. ①汉语—测试—研究②汉语—阅读教学—对外汉语教学—教学研究　Ⅳ. ①H1—53②H195.3

中国版本图书馆 CIP 数据核字(2012)第 089728 号

书　　名: **华语测试中的阅读研究**
著作责任者: 王汉卫　著
责 任 编 辑: 吕幼筠
标 准 书 号: ISBN 978-7-301-20635-5/H · 3053
出 版 发 行: 北京大学出版社
地　　址: 北京市海淀区成府路 205 号　100871
网　　址: http://www.pup.cn
电 子 邮 箱: lvyoujun99@yahoo.com.cn
电　　话: 邮购部 62752015　发行部 62750672　编辑部 62752028
出版部 62754962
印 刷 者: 三河市博文印刷厂
经 销 者: 新华书店
730 毫米×980 毫米　16 开本　11.25 印张　180 千字
2012 年 6 月第 1 版　2012 年 6 月第 1 次印刷
定　　价: 25.00 元

目录

前　言

华语是近年来刚刚进入汉语作为第二语言教学界视野的一个名词，华语作为第二语言的测试则正在孕育之中。本书可以说是为华语测试催生和迎接她出世的部分工作记录。

一般说来，对国外非华裔人士，汉语是他们的第二语言，汉语要按照第二语言的性质来教学、测试，而对海外华裔，情况有所不同。按照第二语言的定位来教学，他们可能吃亏；按照第二语言的定位来考试，他们则可能占到了便宜——但这是一个没有意义的便宜，比如给五年级的小学生考一年级的题。HSK 的测试实践早就表明了这一点。较为科学、准确地测量海外华裔的汉语/华语水平，这是本书研究的直接动机。

本书从关注海外华人这一特殊的语言人群开始，结合对经典语言测量理论的反思，试图构建华语测试的理论和方法。精力所限，主要着眼点放在阅读测试上，因为阅读测试是语言测试的核心板块。相关研究内容包括：语言测试中的"单位家族"的讨论、抽样的控制、阅读测试的基本原则，以及阅读试题的开发尝试等。附录部分简单讨论了听力、口语和写作的测试问题。

本书的章节从前往后有较强的逻辑性，阅读本书，建议按照章节顺序。

水平所限，谬误在所难免，不吝赐教为盼。

第一章　绪　论

广义的华语可以包括汉语，正如广义的汉语也可以包括华语。华语在本书的操作性定义是狭义的，即汉民族共同语的“域外变体”（郭熙，2004：341）。狭义的华语有这样几个特点：

第一，它的使用者是海外华人。

第二，它通常不是第二代以降华人的第一语言，但也不同于一般意义上的第二语言。

第三，它跟中国大陆的普通话、台湾的所谓“国语”基本相同，同时也有了一些变化，这些变化有些是普通话认同的，有些是普通话认可的，还有些则是普通话目前还难以接受的。

汉语作为第一语言和第二语言的测试都已有了广泛的研究和实践，但仅仅把语言测试分为第一语言测试和第二语言测试是不够的。对中国人来说，有些少数民族以汉语为第二语言，以第一语言的标准来测试他们固然不妥，但如果把汉语当做一般意义上的第二语言来施测也不妥。正是认识到了这一点，继 HSK 之后，有关部门于 2001 年启动了民族汉考的研究，并于 2004 年面向国内少数民族考生正式推出了中国少数民族汉语水平等级考试（MHK）。那么，是不是到此为止了呢？从常模的角度，HSK 也不可能适合所有以汉语为第二语言的外国人。

“外国”是一个行政概念，这个概念并不能直接用在语言测试上。从语言测试的角度，可以把外国人分为向内基本同质、向外基本异质的三个群体：

表 1—1 外国人的一种三分法

	汉字背景	汉语背景	中华族群背景
华裔①	√	√	√
韩日	√	○	○
其他	○	○	○

研究表明，HSK 测试并不适用于海外华人（陈宏，1995）。从常模上看，华裔跟一般的外国人是异质的目标群体，测试内容的适应性、侧重点和成绩评价体系应有不同。正如 MHK 已经从 HSK 中分化出来一样，面向海外华裔的汉语水平测试也应尽快成为独立的测试。本研究的目标是为这一天的到来做一些准备。

有学者针对当今语言测试研究的现状指出：“近二三十年来，测量界有一种现象，就是新技术层出不穷，理论思考在萎缩。这个现象从人们对构想效度、语言能力等问题的态度上都能看出来。陈宏把现象称为‘技术上的巨人，理论上的矮子’，这个评价是符合实际情况的。”（张凯，2006）我们对此也深有同感。有鉴于此，本书将把主要精力放在华语测试的理论建设上。主要包括如下一些内容：

1. 华语测试的必要性讨论

承接陈宏（1995）基于 HSK 考试数据的分析，本书从 HSK 考试的特点、华人的特点以及建立华语测试的意义几个方面，对这个问题做进一步的讨论。

2. 华语测试的测量学基础

开发一种新的语言测试，如果仅仅是测试对象的不同，而没有对语言测试的基本理论加以扬弃和发展，这无疑会使“新”打上一个折扣——是新瓶装旧酒还是新瓶装新酒？基础理论方面的突破，哪怕只是一点点，也事

① 就个体而言，不一定每个华裔必然有汉字、汉语背景，常模指的是总体情况。以总体情况而言，华裔最为集中的东南亚虽经过了 20 世纪后半叶华语教学的低谷，但华语文的根还是保留了。进一步就新移民来说，他们的群体特性就更加远离了一般意义上的外国人。

关重大，不可小觑。例如“测试单位”就是这样一个有重大影响的基础理论问题。

3. 华语阅读测试的设计

“单位”是最基础层面的东西，而例如样本的抽取、试卷编写的基本原则、题型、卷面结构等，这些都要讨论，目标是使基础理论层面的讨论能够在华语阅读测试中坐实。

4. 本书最后拟给出一套华语阅读测试的量表，既可以看做是本书讨论的一个总结，也为下一步的测试实践和实证研究奠定初步的基础，是理论和实践二者之间的桥梁。

需要说明的是，正如 HSK 一样，华语测试也将是一个系列测试，横向涉及听、说、读、写各种语言能力，纵向涉及初、中、高不同层次。面面俱到而又都能有精深的讨论固然好，但这超出了作者本人的驾驭能力，下文的讨论将以基础层次的华语阅读测试为具体对象，必要的时候也会有所“旁骛”。

第二章　华语测试的必要性

一　汉语作为第二语言测试的历史和现状

1.1 汉语作为第二语言的测试

随着改革开放后对外汉语教学的迅速发展，HSK 于“1984 年由北京语言学院（今北京语言大学）开始研制，1990 年通过专家鉴定，1991 年推向海外，1992 年国家教委第 21 号令确定其为国家级考试。现在，HSK 已经形成了一个包括 HSK（基础）、HSK（初、中等）和 HSK（高等），水平由低到高的、完整的考试系统”。近年来，HSK 一类的考试又增加了 MHK（民族汉考）、HSK 入门级、C. TEST（所谓“汉语托业”，注重应用能力）、BCT（商务汉语考试）等。2007 年 HSK 又推出了改进版等考试。

除了中国大陆以 HSK 为龙头的多种考试之外，汉语作为第二语言的水平测试，目前主要还有日本的中国语检定、美国的 SAT－Ⅱ中文测验和 AP 中文测验、中国台湾的华语文能力测验等。

中国语检定是由日本中国语检定协会（原中国语学力检定协会）主持的一种汉语水平考试，比 HSK 的历史还要长些，从 1981 年开始，先是在日本国内举办，现在已经与中国国内多家大学联合举办。（陆庆和，2003）

SAT 全称 Scholastic Assessment Test，是美国高中生进入美国大学所必须参加的考试，其重要性相当于中国的高考。考生的成绩是美国大学录取新生的重要依据。SAT－Ⅱ Subject Test 是专科标准测试。中文正式作为外语单项考试中的一个可选择的外语语种，始于 1994 年，即 SAT－Ⅱ中文测验。

AP 是 Advanced Placement 的缩写，是美国大学认可成绩的大学预修课程。考生参加美国大学理事会(College Board)组织的考试并获通过后，即可提前获得大学相关课程的学分。AP 中文考试在 2007 年 5 月第一次举行。

由中国台湾教育部门授权台湾师范大学主持开发的华语文能力测验(Chinese Potencial Test，简称 CPT)也是新生儿。2001 年 8 月开始筹划，由台湾师范大学国语教学中心、华语文教学研究所与心理教育测验中心三个研究团队共同研发。2003 年 12 月华语文能力测验正式举办考试，先是在台湾本岛举行，如今也在世界多个国家开设了考点。

随着汉语作为第二语言教学的升温，汉语水平考试种类增多是必然的。但这些测试跟汉语水平考试并无很大的区别，虽然出来的晚(除了中国语检定)，基本上是新出来的产品，而不是新产品。例如 SAT －Ⅱ中文测验样题(注：原题为繁体字)：

一、语法测验 30 题（26—30 Bonus）

（　　）1. 哇！好大的__松树林啊！

a. 一朵　　b. 一棵　　c. 一片　　d. 一个

（　　）2. 你说了半天，到底在说些__呢？

a. 多么　　b. 这么　　c. 怎么　　d. 什么

二、阅读测验 30 题（26—30 Bonus）

1. 小李：我和老陈去天下第一包子店吃饭，你要是 6 点以前回来，请搭 10 路车，在中山市场下车，进市场内右手边第五家就是。我们等你！

老王：2：30 pm。

What is the purpose of this note?

a. To give directions to a party.　　b. To get some food.

c. To respond to a phone call.　　d. To make an appointment.

2. ※ 出炉面包，热呼呼！※ 各国饼食，香喷喷！※ 花式蛋糕，新鲜美味！

What type of advertisement is this?

A Kitchen B Bakery C Florist D Stove shop.

对比 HSK，AT －Ⅱ中文测验除了不是全中文（等于是降低了难度）之外，考试设计跟 HSK 非常相似，这种相似也存在于 AP 中文考试、华语文能力测验等测试中。

1.2 HSK 的试卷结构

回顾这几种当前主要的以汉语作为第二语言的标准化考试的试卷结构，对华语测试的开发是很有裨益的。

以旧版 HSK（初、中等）为例，它的试卷结构是听力理解、语法结构、阅读理解、综合填空，四个分测试承担了对听、读、写三种语言技能的测试（高等设有说话测试），同时也承担了对语音（听力理解）、语法（语法结构）、词汇（阅读理解中的部分题目）、汉字（综合填空中的部分题目）等语言要素的测试。详细卷面结构如下表：

表 2－1　旧版 HSK（初、中等）卷面结构

考试项目	试题数量	考试时间
1. 听力理解	1－50 题	约 35 分钟
2. 语法结构	51－80 题	20 分钟
3. 阅读理解	81－130 题	60 分钟
4. 综合填空	131－170 题	30 分钟

相对于旧版，改进版的 HSK 有了一些可喜的变化。主要表现如下：①

（1）各个等级都增加了口语和写作两项主观性考试。

① http://www.jyb.com.cn/ks/zgks/t20061222_56319.htm

（2）增加了着重考查综合语言能力和交际能力的新题型。

（3）把原来的语法结构、阅读理解和综合填空分测试合并为综合阅读。

很显然，这些改进都是朝着突出汉语言实际应用能力的方向发展的。C. TEST、BCT 和 HSK 改进版的面貌都基本相似，不必赘言。

MHK 在通往能力的道路上走得更早一些，它的各个级别的笔试项目是：①

一级考试：听力理解、阅读理解和书面表达（汉字书写）。

二级考试：听力理解、阅读理解和书面表达（日常应用文写作）。

三级考试：听力理解、阅读理解和书面表达（一篇作文）。

四级考试：听力理解、阅读理解和书面表达（一至两篇作文）。

它的一级相当于 HSK 的基础级，该阶段就包含汉字书写；二级相当于 HSK 初中等略低，这个阶段就已经包含了应用文写作。并且每一级别的考试都独立设有口试。

已有汉语作为第二语言水平测试的试卷结构，特别是其面向应用、强调能力的发展方向给了我们不少有益的参考和启发。但从上面的情况来看，尽管试卷结构有了一些发展，更加突出应用能力，但都存在着将听和读捆绑在一起测试的现象。例如改进版的 HSK 考试结构增加了口语和写作两项主观考试，跟原来的听力和阅读组成的客观考试并列，并且规定这三项考试可以自由参加，这意味着口语、写作、听力和阅读是三个相对独立的语言能力。但疑问也因此而来：为什么将听力和阅读绑定在一起呢？因为它们都是比较容易评分的客观考试就可以绑在一起吗？答案是显而易见的，测试内容越单纯，越有利于效度的实现，施测和评分的方便性显然不能跟测试的科学性抗衡。

1.3 HSK 的两条发展路径

HSK 一类考试的发展轨迹有三条，但大方向可以归结为两个：条状发

---

① http://www.xjhsk.cn/mhk.as

展和块状发展。

(1) 条状发展

一是考试层次的完善,从最初的初中等,向上发展出高等,向下发展出基础级、入门级。

二是考试种类的增加。从针对一般人群的普通型考试,到针对不同人群的特殊型考试,如更加注重实用的 C. TEST,以及已经和将要陆续推出的商务、旅游、少儿汉语考试等,都属于此类。

以上两个发展归并为一个,即以 HSK 为核心的完善和拓展。形象地说,这种发展轨迹可以表述为"条状发展"——把母语非汉语者按汉语程度、目的、用途等分条,每一条都面向世界各国的母语非汉语者。

台湾推出的华语文能力测验也是同样的格局和思路。

(2) 块状发展

按照汉语水平考试中心的界定,HSK"是专为母语非汉语者设计的标准化语言考试"(刘英林,1996)。所谓"母语非汉语者",包括外国人、华侨和中国少数民族考生。这也是一种分割,但这种分割和上面的条状分割完全不同,这种分割是块状的。"外国人、华侨和中国少数民族考生"的外延界定本身已经预示了 HSK 一类考试应有的另一个发展——块状发展。MHK 就是块状发展的结果。

"民族汉考(MHK)是为专门测试母语非汉语的少数民族汉语学习者的汉语水平而设置的国家级标准化考试。"(张凤麟,2004)在少数民族考生参加了数年(1996 年起)的 HSK 之后,发现"存在着一些与少数民族汉语教学不相适应的方面",由此原国家教委于 2001 年组织力量研究开发适用于中国少数民族的"中国少数民族汉语水平等级考试"(MHK),2004 年投入使用。

令人遗憾的是块状发展的速度。尽管早在 1995 年,陈宏的研究就表明"有中国背景"的考生团体与 HSK 考生总体在异质程度上"存在显著差异",属于"常模误用",并建议"开发专为有中国背景的考生团体而设的

HSK"，但十多年过去了，条状发展的势头强劲，而块状发展则十分缓慢，MHK之后，块状发展呈现出停滞状态。

1.4《大纲》的建立及相关研究

《大纲》是汉语水平考试的基础工作，是命题的基础，是开发汉语水平测试的必要条件。主要大纲如下：

(1)《汉语水平等级标准和等级大纲》(1988)

(2)《汉语水平考试大纲》(1989)

(3)《汉语水平词汇与汉字等级大纲》(1992)

(4)《汉语水平等级标准与语法等级大纲》(1995)

(5)《高等汉语水平考试大纲》(1995)

(6)《汉语国际教育用音节汉字词汇等级划分》(2011)

(7)《汉语口语水平等级标准及测试大纲》(2011)

这些大纲固然不是华语测试可以拿来就用的东西，但这些大纲却是华语测试最有直接参考价值的成果。如果说《大纲》的研发是代表国家进行的一项官方工作，那么《大纲》研发后极大地带动了民间的相关研究，《大纲》研究也成了整个对外汉语教学研究中的一个极富特色的重要组成部分(篇幅所限，这部分研究不在这里具体回顾)。

1.5 汉语作为第二语言水平测试的研究

汉语作为第二语言水平测试从无到有，从小到大，一方面是国内国际形势发展变化的结果，另一方面也离不开二十多年来相关研究的助益。大体来说，汉语作为第二语言水平测试研究的成果主要体现在以下两个方面：

1.5.1 语言测试的基础理论研究

这些研究有些主要是属于普及性的，张凯(2004)就测量的基本要素、测量的变量、测量的中心、虚构测度和语言测量的测度、精度、误差等一系列基本问题进行了讨论，深入浅出。有些主要属于介绍性的：例如胡壮麟(1996)介绍了 Bachman 的语言测试设计和开发的理念；王佶旻(2002)介绍了国外语言能力理论的发展，详细展示了从技能/成分说到一元化阶段，再到多成分语言能力模型的建立过程。常晓宇(2005)详细介绍了效度理论的变迁，认为"效度一元化①则使效度理论既接近科学，又可以照顾经验层面及社会效应"，是"效度理论臻于完备的必然趋势"，并认为："一个完整的效度概念，必须具有这样一种认识：由分数所做推断的恰当性、有意义性和有用性应当以测验的社会影响为基础赖以建立。"

更有大量研究不满足原有理论，致力于使汉语作为第二语言的测试立足于更为扎实的理论基础上。例如陈宏(1997)以 HSK 考试数据为依据，对传统的语言能力是一个"中介语连续体"的观点提出挑战，认为："处于汉语中介语连续体发展的不同阶段，具有不同母语背景或个人需要不同的学习者，对某种特定的语言知识或能力的接受能力也会有明显的区别。"张凯(2005)讨论 competence 和 performance 的中文译法，进一步明确了语言能力和语言表现(或语言运用)的关系。也不乏对语言能力这个概念的下位概念的研究，例如马新芳(2005)对第二语言阅读能力和写作能力的关系进行了研究，指出了托业考试阅读能力和写作能力高相关的不可信，这无疑是对阅读和写作这两种语言能力分别测试的支撑。效度是语言测试最核心的概念，陈宏(1997a，1997b)讨论了结构效度与汉语能力测验之间的关系，认为："结构效度一方面指测验测到理论假设的某种特质的程度，另一方面指测验能够证实的理论本身的合理性或有效程度。但应当承认，在语言测验领域里人们对结构效度的关心大多着重于前一个方面，着重于结构效度的技术的、操作的方面，而对后一个方面的问题，人们还缺少足够的责任感。"并认为："在一个测验中，作用于被试的行为的能力种类越是单一，我们的推论就越有希望透过外部语言行为而及于内部语言能力，就越有解

---

① 效度一元化即指内容效度、效标关联效度和构想效度不再被作为效度的三种证明种类，而被认为是效度这个概念所必须包涵、三位一体、缺一不可的三个方面。

释力。”这些认识对我们构建华语测试的结构，并以此推及被试的华语能力有着深刻的启发。谢小庆(2002)对15种等值技术进行了比较分析，结果表明，如果两份试卷的难度差异很小，就没有必要进行等值，更为重要的是，等值的结果可能反倒“不如不等值”。谢的研究结果明确地提醒我们，测试不能依赖技术去弥补理论，不能依赖技术去弥补由理论的不足带来的测试量表的不足。

另外还有其他一些方面的研究，由于与本书的关系不是很密切，这里就不引述了。

1.5.2 HSK 研究

HSK 研究主要体现在以下几个方面：

(1) HSK 设计的基本问题

这方面的研究多属于 HSK 开发早期的一些成果，偏重于对 HSK 的介绍，如 HSK 的性质、特点、设计理念等。例如刘珣等(1986)、吕必松(1989)、刘英林等(1988)、郭树军(1989)、刘镰力(1994、1997)、姜德梧(1999)等。

(2) 分数、等级体系问题

这方面的主要成果有谢小庆(1995a,1995b)、刘镰力(1995、1999)、金名、红尘(2002)、张凯(2004)等，这些成果介绍和论证了 HSK 等级分数的缘由、现状、问题所在，认为 HSK 的分数是以标准参照为主、常模参照为辅，等级分数主要存在的问题是过于琐碎。这些研究对华语测试未来的等级设置有很大的参考价值，华语测试应该把等级的线条划得粗一些，在成绩评价的问题上留出较大弹性空间。

(3) HSK 的信度、效度问题

信度、效度是测试的核心指标，这方面取得比较一致认识的是 HSK 的信度，大多数研究数据都倾向于支持 HSK 是一个信度很高的测试，例如何芳(1995)、柴省三(2002)等。陈宏(1995)的研究则指出了考生异质程度对 HSK 信度的影响。效度问题的研究表明 HSK 的效度指标不像信度那样乐观，不少研究，例如张凯(1995)、郭树军(1995)、陈宏(1999)的研究都表明了这一点。张凯(1995)对 HSK 三份正式试卷的因素分析表明，根据这些试卷得出的测试数据“对理论的拟合程度都还不十分理想”。HSK 试卷结构体现的是听力理解能力、语法能力、阅读能力、综合运用语言的能力，然而因素分析的结果，并不能得到这四个因素，比较有把握的是能够得到阅读理解和听力理解两个因素。由此，张凯进一步认为：“在 HSK 的研究过程中，我们对理论上构建的认识并不充分，因此没有建立起一个可以进行操作性定义的、可以被量化的关于语言能力结构的理论模型，这个模型就是‘结构效度’的‘结构’。”郭树军(1995)则进一步用了六份 HSK 试卷作为材料，并在考虑考生构成大体相同的控制下组成了六个标准样本，以此为基础进行的相关分析，最后得出结论：“我们说 HSK 主要考了听、读两种能力比我们说它考了四种能力要有把握得多、恰当得多、有意义得多。”但也有相反的结论研究，认为 HSK“具有较好的构想效度”(李慧、朱军梅，2005)。总之，HSK 的效度问题给华语测试敲响了警钟：在开发新的测试之前，首要关注的是理论问题，理论中的首要问题是效度问题，而效度的实现则要关注测试内容的单纯性和抽样的代表性。

(4) 公平性问题

公平问题研究主要关注的是不同国籍、母语、文化、族裔考生的公平性问题，例如任杰、谢小庆(2002)、任杰、李航(2000)、任杰(2002)。陈宏(1995)的研究也跟公平性问题的研究直接相关。公平性问题的探讨实际上已经指向了条状分割还是块状分割的问题。我们在华语测试问题上的思考也是直接受益于时贤的这些研究。陈宏(1995)认为：“近年来 HSK(初、中等)考生生源的结构发生了一个值得注意的变化，即除了人数不断增长的零散的有中国背景的应试个人外，还出现了几种应试的有中国背景的考生团体。所谓‘中国背景’指的是具有此种背景的考生个人的母语或其双语之一即为汉语或汉语的某种方言。根据经验，这些考生的整体水平一般大大高于 HSK(初、中等)目标总体的平均水平，他们所构成的考生团体很可能在异质程度上与 HSK(初、中等)目标总体有所不同。"经过对自然总体、可疑样本和目标总体的统计分析研究,陈宏认为 HSK 用于有中国背景的考生团体属于"常模误用",进一步提出:"为开发专为有中国背景的考生团体而设的 HSK 考试进行可行性调查,或对 HSK(初、中等)继续用之于这种考生团体做出新的解释,也都应当排在汉语水平考试中心的研究日程上了。"

HSK 于 2007 年推出了改进版,把卷面结构由原来的听力、语法、阅读、综合填空四个分测验改为听力和综合阅读两个分测验。但这种改进基本上是技术性的,试卷的表面结构简化了,而在理论构建上似没有显示出突破,因为综合阅读基本上是吸纳了原来听力之外的三部分内容,省去了时段限制的要求。正如陈宏(1999)所言:"如果我们把听力理解、阅读理解和综合填空这些名称看做是 HSK 听力理解、阅读理解和综合填空三个分测验的操作性定义的话,那么这些定义实际上并没有告诉我们根据被试的应试行为可以就语言能力做出哪些推断,而是把行为本身放在了被推断的位置。因此,问题的实质在于我们现在还缺少一套系统的完美的关于语言能力与语言行为关系的理论假设,和一个可供操作的、可供量化的语言能力结构与结构关系的理论模型。"

从上文可以看出,开发华语水平测试不能满足于当前以 HSK 为代表的汉语作为第二语言测试的理论现状,而必须以现有汉语作为第二语言测试研究为基础,进一步探讨华语测试的理论,以保证其能够建立在一个更为坚实的结构效度基础上。这也将对汉语水平测试基础理论的建设有所补益。

二 从测试的角度看华裔作为目标人群的特殊性

从已有测试数据对汉语作为第二语言的测试进行一些技术分析是一种方法;跳出考试,对华裔这个群体的语言文化特征做一些考察,反过来再将考察结果作用于测试，是另外一条研究思路。

2.1 海外华人的总量、分布及构成

当今世界上到底有多少海外华人，很难得到准确数据，例如互联网上就有多种版本的资料，但多数资料的原始数据来源并不足够新（比如近一两年），时间也不够整齐，尽管如此，也可以反映出一个大概，其参考价值是毋庸置疑的。下面的数据整理自郭熙主编的商务印书馆出版《华文教学概论》的附录一，海外华人华侨分布：

该资料显示，海外华人共计 36,840,585 人：其中亚洲 27,845,985 人；美洲 6,199,826 人；欧洲 1,963,510 人；澳洲 727,733 人；非洲 103,531 人。列表如下：

表 2—2　世界华裔人口构成

洲别	华裔人口	占华裔总人口比例(%)
亚洲	27,845,985	75.58
美洲	6,199,826	16.83
欧洲	1,963,510	5.33
澳洲	727,733	1.98
非洲	103,531	0.28
总计	36,840,585	100

上面的数据首先不能忽视的是 3600 多万的人口总量，面对这样一个庞大的人群，推出华语测试是有基础的。

其次是洲别分布和来源构成，这些具体因素将对华语测试产生重要影响。海外华人主要分布在亚洲，所谓亚洲主要又是东南亚。在全球华人分布最广的国家中，东南亚有 9 个国家排在前 20 名以内，仅仅这 9 个国家的华人总量就达到 26,965,467。高居榜首的三个国家是印尼(7,261,984)、泰国(7,254,261)、马来西亚(6,114,900)。尽管亚洲华裔占海外华裔绝对多数的基本情况很难改变，但近年来不断更新的数据也表明了欧美新移民

数量的迅猛增长(李明欢,2003:436)。下面的一组先后不同的数据很好地说明了这一点:

表 2—3　近年来各大洲华裔人口的构成变化

来源	时间	亚洲(%)	美洲(%)	欧洲(%)	澳洲(%)	非洲(%)	总计(%)
中国大地网	2002	86.4	10.9	0.6	1.7	0.4	100
李明欢	2003	77.0	15.0	6.0	1.6	0.4	100
郭　熙	2007	75.58	16.83	5.33	1.98	0.28	100

海外华裔的洲别分布及其变化进一步引出了下面的问题:海外华裔的来源构成。

从方言语种上,可以把海外华人的主要构成分为:广东人(含香港人)、福建人、浙江人及其他。因为华人的母方言主要是与普通话差异很大的南方方言,例如广东话、闽南话、客家话,这些差异作用于华语,使其形成了自己的特色。

从移民时间上,华人可以分为两大类:20 世纪 70 年代前的老移民,70 年代后的新移民。"1978 年起中国政府放宽了出入境的限制,大批以家庭团聚、探亲访友等原因出国者成为新移民的先驱。1979 年以来,中国大陆有几十万人到西方国家学习,其中到美国的人数占绝大多数。由于美国的教育体制、竞争机会以及社会环境,吸引了很多中国的留学生在获得学位后留了下来。据专家估计,20 世纪 70 年代至本世纪初,有 400 万以上的中国人合法、非法移居发达国家。这些新移民的流向国是美国、加拿大、欧洲、澳大利亚。"(郭熙,2007:20)在有的国家,例如新西兰,新移民已经占到了移民总数的 60%以上。

尽管目前新移民的数量还远远比不上老移民,但是新移民现有总量已经相当庞大,并且还在不断增长。据李小兵(2003)统计,1980 年以后,由于新移民的不断加入,广东珠江三角洲不复为美国华人移民的主要来源,普通话近百年来首次取代广东话,成为美国很多华人社区的通用语言。另据黄润龙、鲍思顿(1998)统计,1990 年人口普查资料表明,在家庭和非官方场合说汉语的占华人总数的 75.9％ 。

立足于现实，新老移民都是汉语测试不可忽略的出发点；着眼于未来，新移民更需格外关注，他们及他们的后代将对汉语测试产生更加强烈的影响，将新移民混同于一般意义上的外国人，施以同样的测试，无疑是很不理性的。

2.2 汉字及汉文化情结

(1) 汉字情结

“汉字文化圈”这个概念不只是对历史上中华文化强大影响的回忆。如果把汉字大家庭的兴衰跟汉民族的历史结合起来看，会有另一番认识，这个认识会进一步影响到我们对华语测试中的汉字思考。

据周有光(2003：104)，汉字的传播路线有三条：“一条向南和西南，传播到广西壮族和越南京族，较晚又传播到四川、贵州、云南、湖南等省的少数民族(苗、瑶、布依、侗、白、哈尼、水、傈僳)。一条向东，传播到朝鲜和日本。一条向北和西北，传播到宋代的契丹、女真和西夏。”下面根据周有光先生《世界文字发展史》中提供的资料，对汉字的历史传播和际遇加以简要回顾。

壮字(仿照汉字而创制的壮族文字)创始于唐朝，消失于明末。在这一段时间之前和之后，都使用汉字。喃字(仿照汉字创制的越南文字)只在越南有几个短暂的时期为正式文字，并且跟汉字并行，在其后一千多年的历史时期内，汉字一直是越南的正式文字，但自法国 1884 年占领越南后推行拉丁文，1945 年越南独立后仍以拉丁文作为法定文字，汉字和喃字都被彻底废除。

宋朝时期北方和西北的辽、金、西夏都曾仿汉字而自造文字，即契丹文、女真文、西夏文。它们的共同特点是借鉴汉字，但同时又刻意不跟汉字一样。

更值得思考的是汉字在朝鲜半岛的兴衰。早在汉末，汉字就传入朝鲜:“朝鲜人读汉字文言文《四书》、《五经》,开科取士,同中国一样。朝鲜的人名地名都是仿照中国用汉字写定的。”“由于学习汉字长达一千七八百年,吸收了大量汉语借词(汉字词),占现代词汇的 2/3 以上。”(周有光,2003:137)然而就是这样一个深厚的历史,在近代民族主义意识高涨的历史背景下,先是李朝(1392—1910)于 15 世纪中期创制了谚文,后是朝鲜在 1948 年废除汉字,全用谚文,韩国混用汉字和谚文,但汉字的使用量大幅减少。这种情形和日本相仿。

如果把汉字在东亚的发展史跟华裔对汉字的执著加以对比,就可以清楚地看到汉字对华裔的影响及华裔对汉字的执著。这种执著也许不为别的,只因为他们是华人。

华人大批定居南洋已经有几百年的历史,然而迄今汉字仍和中国大陆保持完全一致。虽然个别时候、个别地区曾有少量不同于中国大陆的汉字,但也最终回归到汉字一体化的道路上来。以新加坡为例,该国:“1969 年公布第一批简体字 502 个,除了 67 字(称为“异体简化字”),均与中国公布的简化字相同。1974 年,又公布《简体字总表》,收简体字 2248 个,包括了中国公布的所有简化字,以及 10 个中国尚未简化的,如‘要’、‘窗’。1976 年 5 月,颁布《简体字总表》修订本,删除这 10 个简化字和异体简体字,从而与中国的《简化字总表》完全一致。”而马来西亚则:“1972 年成立‘马来西亚简化汉字委员会’,1981 年出版《简化汉字总表》,与中国的《简化字总表》完全一致。”[①]一个特别有趣的现象是,历史上在汉族以外受汉族影响的民族中出现过很多汉字的衍生概念,例如,喃字、壮字、苗字、瑶字、布衣字、哈尼字、契丹字、女真字、西夏字、谚文、假名等(周有光,2003),在海外华族(汉族)的聚居区则出现过很多“华”字头的词,例如华人、华族、华社、华商、华乐、华教、华小、华中、华语、华文[②],但迄今为止还没有“华字”这

---

① http://www.chinaqw.com.cn/news/2006/0414/68/24419.shtml 中国侨网 2006.04.14 范永红《繁简体汉字没有必要并存》。

② 华文指书面语言,并非专指文字。

个名称和概念。这也从一个侧面证明了海外华裔对汉字的执著。

从上面的回顾可以清楚地看到，语言之外的政治的、情感的因素，在文字的选择和使用上具有多么巨大的影响。汉字在南洋、在海外历经几百年的发展仍跟中国大陆几乎完全相同，只可用“汉字情结”四个字来概括。汉字情结还可以通过下面的一份资料加以佐证，《中国语言生活状况报告(2005)》记录了海外华文报刊名录及数量，根据我们的整理，中国之外，另有46个国家有华文传媒，包括日报、周报、双周报、三周报、月报、双月报和华语电台、电视台等。其中，有2家以上华文报刊的国家有33个，有5家以上报刊的国家有17个，有10家以上报刊的国家有9个。从华文报纸、期刊，直到电视台俱全的国家有9个。另外还有新加坡、印度尼西亚、马来西亚、美国、加拿大、澳大利亚、意大利、奥地利等13个国家的华人建立了华文网站。

民俗文化可算是相对最持久的祖籍国特征，比文化难于保持的是语言，比语言更难于保持的是文字。反过来，华人身份的流失，首先是从汉字开始的——这是一个可怕的开始。陈松岑等(1999)面对新加坡的情况也表达了类似的观点：“如果只推广华语而不提倡华文①，不但用华语来继承传统文化的愿望会落空，华语的使用价值将进一步下降而逐渐被英语所取代，新加坡将变成完全西化的社会，新加坡的华族事实上也将不再是真正的‘华族’了。”

几十年来，中国的对外汉语教学几乎成了听说教学法的实验场。相比较而言，重听说不重读写的教学模式更适合欧美人，而对于华裔，读写则无论对个人还是对整个华人社会都有着至关重要的意义。这个问题不能不在语言测试上体现出来。开发对促进汉字读写有强力反拨作用的测试，正是华文测试的特征和使命。

(2) 汉文化情结

语言是文化的载体，又是文化的一部分，语言和文化息息相关。文化

① “华文”跟“华语”相对，指书面语言，包含汉字因素。

是语言测试的一个或隐或显的内容，也是语言测试需要考虑的一个背景因素。

中华文化的传统在海外，特别是在东南亚一带得到了较好的保持甚至发展，例如春节、元宵节、清明节、端午节、中秋节、重阳节等也都完好地在东南亚华人社会中保持着。苏哈托时代的印尼华人甚至不惜花钱买通地方官僚，也要在春节时举行舞龙舞狮等庆祝活动。另外如饮食服饰、中医中药、伦理纲常、亲戚称谓、社交礼仪等等，无一不体现着海外华人的母文化情结。

文化是一个敏感的字眼。例如现在有“汉语国际推广”的说法，但如果说“中国文化国际推广”，恐怕就犯了文化传播的大忌。正因为如此，一直以来，我国测量界在汉语作为第二语言的测试上表现出的文化态度可说是相当谨慎低调，试题多选用日常生活或者科普类文章，淡化文化的倾向相当明显。这种做法对非华裔是否恰当还值得进一步讨论，对华裔则无疑不尽合适。华人保持、弘扬、彰显自己的文化，符合世界文化多样性原则，是任何文明政府都允许乃至提倡的。我们更好地把语言和文化融合起来，使语言测试在内容上有更多的文化性，是华语测试的目标，是对海外华人母文化情结应有的回应，也是主张华语测试的重要原因。

2.3 华语作为准第一语言

第一语言/母语，第二语言/外语，这是两对交叉的概念。第一语言可能是母语，也可能不是，同样，第二语言可能是外语，也可能不是。因为这两对概念内部有交叉，导致了这两对概念之间事实上也不能分析得那么绝对、那么清楚。例如中国境内有些少数民族以汉语为第二语言，但这个“第二语言”就不能跟西方人眼里的汉语划等号。同样的道理，华语（汉语）在海外华人世界的定位也绝不等于在非华人世界。

当前国内外以汉语作为第二语言的测试都暗含着这样两个基本定位：第一，汉语是第二语言。第二，受试是正规汉语学习者，主要是学生。

根据上文对华人特点的考察分析，本书认为这两条基本定位都不适合海外华人社会。下面再做一些补充说明。

华人大规模移居海外是从 19 世纪中叶开始的，直到 20 世纪中叶，华文教育保持在母语教育的水平上。20 世纪中叶起的三四十年是华文教育的低潮期，不少国家对华文教育进行了严酷的限制，甚至完全禁绝，这些是比较为大家所关注的，特别是大批来华留学的华裔子弟更加深了汉语已经在海外变成第二语言的印象。但从语言测试的角度，下面的三种情况也不能不考虑：

一是像马来西亚、新加坡的华人社会，华文保持着相当的水准。

二是哪怕像印尼这样的华文“断层”32 年的国家，打个比方，骨头断了，筋还连着，甚至骨头也并未完全断掉。例如：“苏门答腊岛、加里曼丹岛等外岛例外，几乎所有的孩子都可以讲一种汉语方言，或闽南话，或潮州话，或客家话。在这些地方，华语在过去几十年中并没有中断。”（宗世海、李静，2004）即使是在爪哇岛，华文教育虽然遭受了重创，但并未完全断绝，地下的华教一直保持着。王爱平（2000，2004）的调查显示：“在印尼尚未对学习汉语解禁之前，有不少家长冒着被抓去监禁的巨大风险，悄悄地为子女补习中文，这样的情况占 72%。”据我们的亲身感受，2000 年前后，印尼华文教育刚刚解禁，老一代华文教师最担心的就是“断代”——师资的青黄不接，但短短几年过去，这个话题已经少有人提及，因为有大量的中青年师资已经接班上任了。

由此可见，当初对华文的过去、现状和未来的估计是过于消极的。根据我们对近年来华留学生数据的追踪统计，印尼生源呈现出下降趋势。如下表：

表 2—4　2000—2010 年来华留学前 10 位的国家排序[①]

年份	榜首国家
2000	韩国、日本、美国、印度尼西亚、德国、法国、新加坡、俄罗斯、澳大利亚、泰国
2001	韩国、日本、美国、印度尼西亚、德国、越南、法国、俄罗斯、澳大利亚、泰国
2002	韩国、日本、美国、印度尼西亚、越南、泰国、俄罗斯、法国、德国、英国
2003	韩国、日本、美国、越南、印度尼西亚、泰国、德国、俄罗斯、尼泊尔、蒙古
2004	韩国、日本、美国、越南、印度尼西亚、泰国、俄罗斯、德国、法国、尼泊尔
2005	韩国、日本、美国、越南、印度尼西亚（相关新闻资料未显示 6—10 位的国家）
2006	韩国、日本、美国、越南、印度尼西亚（未找到更详细资料）
2007	韩国、日本、美国、越南、泰国（未找到更详细资料）
2008	韩国、美国、日本、越南、俄罗斯、泰国、印度、印度尼西亚、哈萨克斯坦、巴基斯坦
2009	韩国、美国、日本、越南、泰国、俄罗斯、印度、印度尼西亚、哈萨克斯坦、巴基斯坦
2010	韩国、美国、日本、泰国、越南、俄罗斯、印度尼西亚、印度、哈萨克斯坦、巴基斯坦

从上表可以看到，印尼这个当年来华留学第四多的生源大国已经退出了前五，但这并不意味着学习汉语的人数少了，而是更多的人采取了在印尼本土学习汉语的方式。这也说明印尼华人社会有这样的华语基础和环境，正如新加坡、马来西亚学生一般不仅仅是为了学华文才来中国一样。相反，越南、泰国这两个几年前排名都在前十之后的国家逐渐上升到第四和第五，也说明了华语在当地的重要性。从泰国对汉语教师、汉语志愿者的需求来看，泰国的华文教学也在迅速提升。上面的情况从某种意义来

① 本表数据整理自教育部国家留学基金委等多个官方网页。

看，正是华语作为海外华人社会"准第一语言"的一种表现。

三是华文文盲的问题。HSK 及同类考试都是把"语"(语言)和"文"(文字)绑在一起，以正规的汉语学习者为对象，相比较于一般的汉语二语学习者，华文文盲是华人社会的一个特有问题。会华语而不会华文，会汉语方言而不会华语华文的情况普遍存在。印尼华人中拥有世界最大的华文文盲大军。(徐耀宗，2005)笔者在印尼、泰国也亲身感受到了这一点，多次遇到可以说一口流利华语的华裔青年，但他们并不认识汉字。

综上，华语不同于一般意义上的第二语言，把华语看成准第一语言——介于第一语言和第二语言之间的一种语言——更为贴切些，因此华语测试也不应是一般意义上的第二语言测试。不是仅仅以"学生"为出发点，而是以整个华人社会为出发点，重新考虑语言能力、结构效度、试卷构成等一系列问题，是华语测试的必然反应。

三　开发华语测试的意义

3.1 对汉语测试的意义

影响测试的因素有很多，语言、种族、文化等一系列重要因素都必须考虑进去。

第一语言与第二语言是当前汉语作为第二语言测试考虑到的一对特征。在这个概念下，所有汉语作为第二语言的人群都被纳入进来。现有的普遍认识，自然习得指的是第一语言，课堂学得的是第二语言。但第一语言、第二语言的认识并不全面，上文已经引入了"准第一语言"这个概念。需要说明的是，这个概念也并不与"大华语"及一般场合中使用的"华语"完全吻合。有些华人可能适合参加 HSK 测试，有些华人可能适合参加以汉语为母语的测试，这是两种极端状态；而中间状态的华人，则适合参加华语测试——准第一语言测试。

族群是一个非常重要的因素，族群的存在是客观事实，不能忽略，也无须回避。既为华族，就不同于非华族。“淡化文化”的教学和测试倾向就是忽略了种族这个因素，这无疑不适宜于华族。相反，强调文化、强调汉字等的做法也可能不适宜于非华族。总之，既是事实，就必须尊重，不能以偏概全，不能厚此薄彼，区别对待就是了。

跟种族直接相关的就是文化，历史上以至今天都有“汉字文化圈”、“儒家文化圈”的说法。文化圈也是客观存在的，当我们试图以“淡化文化”来化解矛盾、消除倾向性的时候，同样也已经对部分人群不公正了。

当前以汉语为内容的测试可以按受测分为三大类：以汉语为母语的中国汉族人群，以汉语为第二语言①的中国少数民族人群，以汉语为第二语言②的外国人群。MHK 是从 HSK 中分化出来的，华语测试则是进一步细化的结果，不管从语言、种族、文化哪一个方面，或者说综合考虑这三个方面，都是应该走出的一步。

当前学术界已经提出了“大华语”的概念，这个概念是不分海内外，以全球眼光来审视汉语（华语）的结果。如果从这个概念出发，大华语的系列考试可以表述为下图：

- 大华语考试系列
  - 对内
    - 对汉语母语者
    - 对非汉语母语者
  - 对外
    - 对华裔
    - 对非华裔
      - 汉字文化圈
      - 非汉字文化圈

图 2—1　大华语考试系列

汉语测试跟整个汉语教学的格局息息相关，受 HSK 的影响，教材、教学、测试等整个汉语教学体系中，海外华人都被等同于一般意义上的外国人。因此，华语测试的意义不限于测试，进一步将对对外汉语教学和海外汉语教学的整体格局产生强烈影响。

---

①② 这是当前的一般认识，本书认为应该表述为“准第一语言”。

3.2 对华裔族群的意义

华语测试将按照海外华裔的特点施测。这些特点影响到测试，将会使华语测试产生出一些不同于 HSK 一类测试的面貌。例如：考虑到华语语音的基本面貌，华语测试将应该不会把例如轻声、儿化作为测试内容；考虑到文化的同根性，华语测试将会注入更多的文化内涵，这些文化应该既是中国的，又是世界的，既有利于保持华人的优秀传统，又为所在国原住民族所乐于接受。考虑到华文文盲的大量存在，华语测试最好不要把听、说跟读、写绑定在一起，不应在听说测试中对读写提出事实上的要求①；同时，考虑到汉字在文化的传承、身份的认同等方面的重要性，阅读测试又必须体现出比 HSK 更加重视汉字要素的特色。

总之，华语测试将一方面立足于现实，立足于华裔的特点，一方面着眼于未来，着眼于华语、华裔的发展。这样一个测试，微观来看将对华语教学和华语传承产生积极的作用，宏观来说将对海外华裔的族群凝聚和发展产生积极作用。

四　本章小结

本章主要从现有测试和华裔特点两个方面论证了建立华语测试的必要性。陈宏通过对参加 HSK 考试的 169 名新加坡受试的研究，得出了有中国背景的受试参加 HSK 属于“常模误用”的结论。陈宏将“中国背景”定义为：考生的母语或其双语之一即为汉语或汉语的某种方言。显然，具有这样背景的考生不限于新加坡，而是整个海外华人社会。尽管不排除“香蕉人”的存在，但“中国背景”正是海外华人跟其他外国人比较起来的基本

① 退一步而言，听力和阅读的绑定也缺乏理论依据，因为听力阅读捆绑测试，跟说话、写作平行，其出发点不是依据要测试的语言能力的异同，而是评分方式的不同。听力阅读都是“客观测试”，而说话、写作是“主观测试”。

特征。

无论过去、现在，还是将来，华人都不同于一般意义上的外国人，这是无法回避、也无须回避的事实。特别是着眼于将来，"中国背景"将成为越来越显著的特征，因为世界范围内的汉语热已经使华语在海外华人社会迅速复苏，也因为新移民正在影响着海外华人的构成。

华语测试，是继 HSK、MHK 之后，汉语作为第二语言测试系列的一个新发展。

教育心理测量不是物理测量，纯粹的物理测量（例如测量一张桌子的高度）不会影响到受测；而教育心理测量则不同，教育测量无可避免地甚至是要积极地追求后效，没有后效的教育测量无疑是失败的、可有可无的。后效，既是开发华语测试的一个动因，也是华语测试所要追求并实现的一个目标。华语测试如果问世，宏观来看将产生两方面的后效作用：对华语教学、对华裔族群。

第三章　华语测试的单位

中国是考试的发源地，然而科学意义上的考试——教育心理测量，却是从西方开始的。

语言测试是现代心理测量的一个分支，或者说是“心理测验的一种”（王孝玲，2004：14），它的基础理论是从心理测量移植过来的，例如测量的概念、量表的性质、测验的定义、信度、效度理论、难度、区分度、常模参照、标准参照、分数的等级、等值等等。可以说语言测验从理论思考到测试实践，一刻也离不开心理测量的理论基础。当然，语言测验也有自己的特性，例如关于语言能力与试题结构的问题就是在心理测量的基础上发展出的专属内容。

本文的讨论建立在经典测量理论（CTT）的基础上。根据该理论，测量的本质意义是把一个属性跟这个属性的单位进行比较。下面将从对单位的讨论入手，展开对华语测试的某些思考。

一　语言测试的单位

“从本质上讲，教育与心理测量的量表属于顺序量表。”（戴海崎等，2006：13）顺序量表没有绝对零点，并且它的单位不等值。为了提升语言测试量表的层次，更好地实现语言测验和统计技术的结合，使分数变得更加具有解释力，当前的做法是采用虚构测度的方法，即按照正态分布的理论建立常模，在数学模型中获得相对零点、相等的单位，这样就把语言测验从顺序量表的水平提升到了等距量表的水平上。针对这种转换，戴海崎

(2006:14)指出:"很难说这项工作在本质上改变了教育与心理测量的分数单位的不等值性。"换句话说,常模的方式只是使测试结果的解释更加合理,而并没有对结果产生过程的可靠性有丝毫正面的影响;而当我们试图寻找语言自身接近单位的单位、接近零点的零点时,哪怕永远不能从本质上改变"分数单位的不等值性",但却能使结果的可靠性不断得到提升。一方面努力使语言测试的真实属性更接近等距测量,一方面使用虚构测度,双管齐下,这样的努力无疑是必要的。

语言测验的单位本质上是不等值的,不但反应是不相等的,刺激也是不相等的,每个 1 分都是事实上不相等的单位。以阅读理解为例,通常的做法是给出若干段语料,提出若干个问题,每个问题 1 分。从反应的角度看,1 分的分值设定就是一个单位,尽管因为随机误差的存在,实际上它并不等值,但总算是一个近似"单位"的东西。从刺激的角度看,情况就完全不同了。例如下面一段 HSK 样题中的阅读理解:

鲍鱼系名种鱼,但鉴于时下近海海水往往被工业废液严重污染,人们在品尝美味鲍鱼的同时,又难免为鱼肉受到污染而忧心忡忡。于是日本创办了一个专门生产"安全鲍鱼"的公司。据报道,该公司建于渔港附近,养殖鲍鱼的海水是过滤过的,室内外水槽共 180 个,调节水温装置均由电脑控制,预计 10 年后,11 亿日元的建造费即可望全部赚回。目前,该公司生产"安全鲍鱼"60 万尾。由于鲍鱼生长缓慢(一般要长 4 年才能成为商品鱼),售价相当高,但专家们认为,如采用生物工程技术,只需 2 年鱼苗即可长成商品鱼上市,价格也因此可望降低一半左右。

【115】"安全鲍鱼"的特点是:

A. 味道鲜美　B. 生长迅速　C. 长在近海　D. 未受污染

【116】使用电脑是为了控制:

A. 温度　B. 费用　C. 生长　D. 价格

【117】使鲍鱼价格降低一半的条件是：

A. 只投资5亿日元　　B. 缩短鲍鱼生长期

C. 水槽增至360个　　D. 每年生产120万尾

【118】专家认为，生物工程技术可以使鲍鱼：

A. 免受污染　B. 加速生长　C. 味道鲜美　D. 提高价格

上面的阅读理解测试很难说有刺激单位，因为它是把“刺激单位”建立在了随意的言语片段上。语言单位(不管是刺激单位还是反应单位)应该是存在于语言系统自身的，以语言为分析对象的、稳定的，而不是基于言语片段的、即兴的。认同前者，还能在“单位”问题上有所作为，进而对提高原始分数的精度，最终在提高测试结果的精度上有所作为；认同后者，“单位”的探讨就是死路一条了，因为我们不可能把单位探讨的基础寄托于临时的、变化不居的言语现象。

但也不是所有的测试内容和题型都如阅读理解那样，词汇测试的情况就完全不同了，这里有接近“单位”的东西——一个词汇就是一个基于语言的刺激单位。例如《汉语水平词汇与汉字等级大纲》含8822个词，这就是约等于说把词汇分成了8822个单位。下面看几个HSK词汇测试的例子，情况显然跟听力和阅读理解不同。例如：

(1) 你为什么把人放走了？我不是告诉过你这个人无论如何也<u>得</u>把他留住吗？

A. 能　　B. 会　　C. 要　　D. 想

(2) 小红感到孤独，这是<u>确实</u>的。

A. 真　　B. 正常　　C. 严重　　D. 遗憾

这种情况促使我们必须考虑以下几个问题：

第一，刺激与反应的关系。

第二，原始分和常模分的关系。

第三，华语测试的当务之急是什么？

语言测试以反应为中心，但刺激是反应的基础，没有对刺激的良好控制，反应的解释力将会大打折扣。原始分是母分数，尽管它的意义不如常模分明确，但下面三点都很明确：(1)原始分很重要；(2)原始分是如何得来的很重要；(3)单位化的刺激得来的原始分(反应)才是常模分数的良好基础。如果忽略对刺激单位的探讨，而直接追求虚构测度上的单位，等于默认了刺激的非单位化(即随意性)。

非单位化的原始分限制了标准分的解释力，既无单位，何来数量判断？没有数量判断，又怎能回答一个必须包含数量判断的问题呢？有单位的数量，例如身高，一个常模的身高固然是虚构测度，但这个虚构测度是扎扎实实地建立在一群人身高的基础之上，而身高又是扎扎实实地建立在精确的长度单位的基础之上。有了这个原始单位，身高常模就“坐实”了。

总之，在华语测试的单位问题上，我们的主要目标和任务之一即寻求语言可能存在的、相对最具有单位性质的“刺激”作为虚构测度上的单位的基础，使每一个原始的 1 分所代表的一个样品对它们所组成的样本(即试卷)，进而对测试宣称要测量的对象(即语言能力)更具有代表性。这样，当我们谈到华语测试的代表性和精度时才会更有把握。

二　华语测试的三种“单位”

2.1 语言测验的“单位”

除了“国家单位”、“企业单位”的“单位”，“单位”主要的也是基本的意思就是：计量事物的标准量的名称(见《现代汉语词典》第 5 版)。

在语义和语法学上，“单位”是语义、语法的一个层次，语素、词、词组、句子、句群是语义语法的五级单位。五级单位中最重要的一级单位叫做本位。本位是汉语语言学、特别是语法学上的一个重要概念，本位是语法研究最重要的视角和出发点。

本位之争贯穿了百年来的汉语语言学史。从马建忠的字(词)本位，到黎锦熙的句本位，再到朱德熙的词组本位，邢福义的小句本位，乃至复本位、移动本位、无本位的主张，可以说凡所能有，无所不有，见潘文国(2002:51)。

本位之争并不是本书关注的重点，甚至不是本书关注的问题。本质上，我们不可能从语素、词、词组、句子、句群这五级语义单位找到一个“标准量”，但除了从语义语法学的单位中寻找较有测量学资质的单位，语言测试也别无“单位”可以寻找和依托。

从测量学的角度应认识这五级语义单位，下面的两条标准是不可或缺的：(1) 内涵的确定性；(2) 外延的有限性。

“内涵的确定性”是深层的规定性，是测量意义上的单位的基本特征。作为一个单位，自身不确定，完全谈不上对对象的测量。物理测量中的单位在语言测量中找不到，但退而求其次，如果我们能找到由不完全相等的单位构成的整体，这就起码明确了测量的对象和范围。一个明确的测量整体必是以个体属性的明确性为前提的。比如数羊，首先得搞清楚什么是羊，什么不是羊，这就是自身内涵明确性的重要意义。

“外延的有限性”是表层的规定性。内涵明确了，外延才有可能明确。外延明确了，就能得到一个有限集合。有没有一个有限集合作为抽样的基础至关重要。集合有三种类型：操作意义上的有限集合、理论意义上的有限集合、理论意义上的无限集合。操作意义上的有限集合是最理想的集合，对这个集合的抽样可以做到最完整、最有代表性，测试结果也最有解释力。理论意义上的有限集合的抽样结果会稍逊一筹，因为这时只可能得到具有家族典型性的个体，而漏掉一些虽不具备典型性，但也许并非不重要的个体。对理论意义上的无限集合进行抽样是危险的。下面从这两条标准出发，对五级语义单位加以分析。

2.2 语素——抽样单位

尽管语言测试的单位跟语法学的本位是完全不同的概念，但寻找汉语测试的单位还得从本位意义上的单位入手。

语素内涵明确，“最小的音义结合体”，外延也基本明确。尽管是不是语素、是同一个语素还是不同语素存在纠葛（周上之，2006），但语素的基本成员还是清楚的，语素的集合应该说具有操作意义，是操作意义上的有限集合。这一点从跟词的比较中也能看出来。

词的定义较模糊："就现代汉语而言，什么是'词'一直是一个没有解决好的问题。"（胡明扬，2003：333）执行起来也有问题，很难以一贯之，自圆其说（程雨民，2003：13－15）。词的外延比语素的情况要复杂得多：词与语素有纠葛，词跟词组有纠葛，词跟词有纠葛（同形/多义）。对语言测试来说还有特别重要的一点，就是新词与旧词有纠葛。新词产生快，往往使用频率很高，但"落户"很难，在一定时期内不被认可。这些都对测试十分不利。例如"华"字头的词语有很多，对华语测试或者对东南亚华族人群来说，它们都是很基础的词汇了，但许多并不见于《现代汉语词典》，如华族、华社、华教、华中、华小等。上面说的是词作为测量单位的不利的一面，但如果把词跟词组以上的单位进行比较，就能看出它的"优点"——在共时、共域的前提下，词汇是理论意义上的有限集合，尽管难以历数，但起码在理论上是封闭的。

词组及以上的单位问题就很多了。因为它们是灵活的，"吃饭"是词组，"吃了饭"是词组，"吃了晚饭"还是词组，"吃了一顿晚饭"仍然是词组。既然是"组"，自然就不会有相对确定的外延①。句子（单句、复句）的标点常常令人感到困惑，反映的就是句子本身的模糊状态，并不一定是语言使用者的水平问题。总之，词组以上单位的基本特点是外延的不确定性，是理论意义上的无限集合，与其说是语言单位，不如说是言语单位更合适些。

上面的认识可以总结如下：

① 现代汉语的词主要是多音节的，就是说词在很大程度上也已经进入到了"组合"的层面，是语素的组合，不确定性也由此而来。

表 3—1　各级语言单位的测量学性质

单　位	性　质	外　延	作为抽样单位
语素	语言单位	基本确定	√
词	语言单位	能够确定，难度较大	?
词组	言语单位	不确定	×
句子	言语单位	不确定	×
句群	言语单位	不确定	×

言语单位是否完全没有资格作为抽样单位呢？也不是，从绝对意义上看，对言语单位的抽样也能在一定程度上表明被试的语言能力，但是代表性差、稳定性差，容易受其他因素的影响。在有选择的情况下，我们当然倾向选择有较好个体界定和总体界定的语言单位来作为抽样——进一步作为刺激的单位，这个选择就是语素。

张凯(2002,2005)讨论了语言测试的测量中心，认为在主体中心、刺激中心和反应中心这三者中做取舍，语言测验只有以反应为中心。本书同意这个观点，但同时认为还有三个问题值得关注：(1)反应以刺激为基础，没有刺激就没有反应，所以刺激这个基础要抓好，力争使刺激相对更具有单位化资质。经过上文的讨论，我们确定了语素作为刺激单位。(2)测试是实践性很强的一项活动，它关涉施测和受测双方，不但需要考虑抽样的科学性，还要考虑应答的方便性和可接受性。抽样主要是关联施测行为的，而应答主要是关联受测行为的。抽样单位如果适合作为应答单位，这当然最好；如果不适合，就需要进行调整，需要考虑如何转化为应答单位。(3)语素作为抽样单位是上文讨论的结果，但语素必然要有它栖身的环境，即背景。背景也应该有它的尺度和层次，也需要单位化的控制。可以说，在语言测试的“单位”家族中，抽样单位、应答单位和背景单位三位一体，共同支撑起测试这个大鼎，缺一不可，缺一不立。

接下来讨论应答单位和背景单位。

2.3 汉字——应答单位

上文把语素确定为刺激单位，与应答不同，抽样的时候只需考虑语义，从语义、语法的角度对语素进行分类，便可得到一个良好的抽样，应答还需考虑形式上的因素。语素是意义单位，结合形式，就得启用“汉字”这个概念了。

杨锡彭(2003:94)认为：“由于大多数汉字在语音形式上与音节相等，一个音节用一个汉字表示，因此在大多数情况下，一个汉字记录了一个语素。”程雨民(2003:8)也持同样的看法。更早一些时候，就有学者对字和语素的关系做过说明：“汉语语素绝大部分都是单音节的，而汉字除了极个别情况外，也是单音节的，二者大体形成了一种对应关系。这是汉语语素和汉字关系中的一个特点。”“在口头上，一个语素用一个音节表示，音节是语素的口头形式；在书面上，一个语素用一个汉字表示，汉字是语素的书面形式。”(徐枢，1990:50)准确地来说，尽管汉字只是语素的形式之一，但汉字无疑是语素的基本形式和主体形式。具体而言，语素与汉字的对应有三种关系：一个字一个语素；多个字一个语素；一个字多个语素。

一个字一个语素的情况最理想，不必赘言。一个字多个语素的情况说明只能先按照语素抽样，先确定语素，才能给“字”一个语境，这也不须赘言。多个字一个语素包括了联绵字和音译词。例如：玻璃、葡萄、匍匐、蝙蝠、琵琶、鸳鸯、窈窕、俄罗斯、英吉利、美利坚、澳大利亚、奥林匹克……这些是多音节语素，是两个或几个字、一个语素、一个词。如果以语素为应答单位，例如“玻璃”：窗户上的____碎了一块。这既测了“玻璃”这个语素，也测到了“玻璃”这个词，同时还测到了“玻”、“璃”这两个字。如果以“玻”这个字或者“璃”这个字为单位，其结果会有什么不同呢？

测试形式(1) 玻____

测试形式(2) ____璃

测试形式(3) 窗户上的玻____碎了一块。

测试形式(4) 窗户上的____璃碎了一块。

上面的四种测试形式，都既测了“玻璃”这个语素，也测到了“玻璃”这个词，还测到了“玻”字或“璃”字。被试如果没有“玻璃”这个语素（词）做背景，根本无从回答。真正的不同是，如果以“玻璃”为单位，还需要另外的语境；而如果以“玻”或者“璃”为单位则不需要更多的语境。测量受试有没有掌握“玻璃”这个语素（词）并不需要其他语境，测试形式（1）或（2）都是足够的。

音译词的情况是一方面许多当年的音译词已经语素化，例如“俄”指俄国、“英”指英国、“美”指美国（参见《现代汉语词典》第5版），一方面即使没有单音节语素化的（例如“奥林匹克”）也可以参照联绵字处理。所以，从应答的情况来看，汉字单位是有优势的，可以大幅提高测试效率。

语言测试的实践性需要我们对“语素”这一术语非常小心，对被试提出“语素”的概念显然不合适，将会面对“语言测试还是语言学测试”的质疑，而对被试提出“汉字”的要求则无可挑剔、名正言顺。以汉字作为华语测试的应答单位，还能够体现文化和反拨效度，与华语测试比较适应。

2.4 词、词组、句子、句群——背景单位

上文讨论了抽样单位和应答单位，在这两个单位上，词、词组、句子、句群都找不到它们的位置，但这并不是说它们在语言测试的单位家族中就没有地位了。

语言测试以反应（应答）为中心，反应需要背景，不同的背景反应不同，需要对背景加以很好地控制。这时，词、词组、句子、句群这些语义单位就派上用场了。这些语义单位可以不是操作意义甚至理论意义上的集合，这不影响它们作为背景的价值，因为它们不是用来抽样的，而只是提供一个尺度基本稳定的意义背景。从这个角度说，词、词组等现有的概念内涵已经足够了。

有了这些语义单位的辅助，就可以在一份试卷内部对背景单位加以控制，例如单篇阅读理解的长度控制在一个句群的范围内。这样也有助于多

份试卷之间面貌的一致和等值。

三　汉字与语言能力测试的适应性分析

上面提出抽样单位、应答单位和背景单位，这些种类的单位能否体现在一个量表中，关键看应答单位，因为抽样单位和背景单位都只关系到测试质量的提高，而应答单位则关系到测试能否实现。下文需要对汉字单位与听、说、读、写能力测试的适应性加以分析。只有汉字作为应答单位获得通过，才能进一步就抽样单位和背景单位的情况进行讨论。

3.1 汉字与听、说、写能力的不适应性

以当前 HSK 的听力测试来说，汉字作为应答单位并非完全不适用，例如 HSK 样题第 1 题：

我到他家去过，他也到我家来过。

问：这句话是什么意思？

A. 我们有过来往　　B. 我们从不认识

C. 他没来过我家　　D. 我没去过他家

这道题的关键是“过”，对“过”的掌握程度是答对本题的关键。假如保持选择题的形式不变，可以设计问题：

问：这句话中的“guo”是：A. 过　B. 国　C. 进　D. 这

假如被试没有选择“过”，说明他对“过”的音、形掌握不好，相应地，可以推测义的掌握应该也不好。相信能够选择“过”的被试，对这句话的理解跟选择“我们有过来往”相当。而在现有原题中，很难说另外三个干扰项的意义是什么。

也许有人会觉得，以字为单位的测试好像不是听力理解能力的测试了，反倒更像字音、字形、字义的测试。但如果测点字是对话中的关键字、这个关键字是听来的，这样的顾虑应该可以消除。

真正的挑战是下面的情况：华语测试中我们主张听力和阅读能力完全分开，独立测试。这时候，以汉字为应答单位来对听力理解做出反应必然会受到极大的限制，而基于"言语单位"则不容易受到影响。

说话和写作是主观性考试或输出性考试，重点在考察受试输出语言的能力，这两种考试似乎很难把应答单位局限在汉字这一个单位上。

3.2 汉字与阅读能力的适应性

以字为单位可以测量到从语素到篇章各个层级的阅读能力。

先看一个例子：

(1) 正是下班高峰，堵得厉害，____车变蜗牛了。

在这个句子中，谁能说是考了一个字呢？"车"的前面可出现很多的组合，大、小、牛、马、汽、火、公、私、警等等。在这么多备选的答案（受试脑中的备选答案）中，唯一正确的是"汽"，这是语境决定的。"上下班高峰，堵得厉害"的当然是城市的大街。所以，这里看起来是测了一个字，实际上是以语感为基础的，语感来自对整个文本的解读能力，这不正是考了阅读能力吗？以汉字为单位，还可以将上面的题目变换为下面的考察方式，变化的结果是难度不同，考察的目标、层次、范围不同，但有一点永远相同——都不是只考了一个字。如：

(2) 正是下班高峰，堵得厉害，汽____变蜗牛了。

(3) 正是下班高峰，堵得厉害，汽车____蜗牛了。

(4) 正是下班高峰，堵得厉害，汽车变____牛了。

(5) 正是下班高峰，堵得厉害，汽车变蜗____了。

(6) 正是下班高峰，堵得厉害，汽车变蜗牛____。

在上面的六个句子中，"牛"对语境的要求最低，基本上已经降低到了语素的层面，因为"蜗牛"比"蜗居"、"蜗行"的出现频率要高得多，看见"蜗"联想到"牛"而不是其他是很自然的，几乎像一个连绵词。"车"对整个语境的要求比较低，在词的层面就基本能够应付；“汽”、“变”、“蜗”、“了”对语境的要求较高，必须建立在对整个句义理解的基础上。如果受试能填写出“汽”、“车”、“变(成)”、“蜗”、“牛”、“了”，还有什么必要非得借助诸如下面的问题呢？

这句话的意思是：　A. ××　B. ××　C. ××　D. ××

汽车为什么走不快？A. ××　B. ××　C. ××　D. ××

汽车走得快不快？　A. ××　B. ××　C. ××　D. ××

……

阅读理解尤其强调篇章能力，下面举例说明以字为单位对篇章能力测试的适应性。

(7) 有四个朋友：一个即将结婚的年轻人和三个过来人。有一天，他们在一起谈论爱情。年轻人说：“爱情是一首美丽的歌，一幅迷人的画，一片多情的海。”三个过来人听了，摇摇头说：“爱情像一只漂亮的高脚杯，很容易碎的。”年轻人叫起来：“你们这是什么意思？”三个过来人异口同声：“你有一千个理由小心轻放。”过了几天，那个年轻人结婚了，第二天就给他的朋友打电话，说：“你们说的对，爱情的确是个＿＿品。”(易、碎)

在上面的例子中，答案一定是基于对整段文本的理解分析，特别还需要对文本中的关键字眼进行把握，否则无法填出来“易”、“碎”这两个字或者说“易碎”这个“字组”。

上文讨论的阅读能力测试已经较多地涉及“写”——写字。毋庸讳言：“任何一种语言测试方案，都是一定的语言观、语言习得和语言教学原则的体现。作为外语教学不可分割的组成部分，外语测试直接受到语言学和外语教学法理论的影响。”(刘珣等，1986)。以西方学习者为主要目标的HSK在阅读理解上体现的主要是识别汉字的能力，华语测试则把识别和书写汉字的能力结合起来考察，这一方面是适应华裔这个群体特点的选择

第四章　为华语阅读测试的语素抽样(上)

前文的讨论明确了刺激单位的重要性，明确了语素是华语阅读测试的最佳刺激单位。本章及下一章讨论语素的抽样及相关问题。

为了行文的方便，首先需要明确一下“语素”与“汉字”这两个概念在本书中的纠缠。实施语素抽样，但目前还没有一个可资依赖的高频语素表，可行的办法是以高频汉字表为基础，抽样的时候考虑同一个汉字所代表的不同语素义，以及多个汉字代表一个语素的情况。这样就是按语素抽样，而不是按汉字抽样了。由于语素抽样是基于汉字表的，为行文方便，有时会使用“汉字”这个概念。

一　华语阅读测试跟汉字应用水平测试的区别与联系

华语阅读测试以语素为抽样单位、以汉字为应答单位，这样的测试跟汉字应用水平测试(以下简称“汉字测试”)会不会仅仅是名称上的差异呢?在展开语素抽样的讨论之前，需要澄清二者的区别和联系。

1.1 二者的区别

(1) 对象不同

“汉字测试”是教育部组织实施的针对母语者的测试，华语阅读测试是针对汉语为非第一语言使用者的测试。对象的不同将衍生一系列的不同。

(2) 性质不同

所谓性质不同是指测试的目标定位不同。汉字测试是以汉字为中心、为目标的测试，它是“对人使用汉字的能力和水平的一种评价”，力争要“把汉字应用水平与阅读理解能力和书面语言表达能力最大可能地进行区分”、“真正实现衡量人的汉字应用水平这样一个目标”(汉字应用水平测试研究课题组，张一清执笔，2004)。因此，汉字测试更多考虑汉字本身的特点，测形形要难，测音音要难，测义义要难。例如下面这样的测题：

___(yí)族　惨绝人____(huán)　暴____(tiǎn)天物　答案：彝、寰、殄

乱七八____　按____就班　气冲____汉　答案：糟、部、霄

一般汉字测试也都表现出与汉字应用水平测试相同的面貌，例如中国最早的识字测验工具之一是陈鹤琴编的《初小默字测验》，它采用四种测验形式：辨字、用字、释字和造句(朱作仁，1991：159－193)。再如字图匹配、听音辨字、指字认字、认字说话(李辉，1999)。有的则采用单一的组词形式：给一个字，组一个词(王孝玲，2004：366)。

华语阅读测试恰恰相反，强调的是汉字的依存性，强调的不是哪个字，而是该字的左邻右舍、前家后院。就是说，华语阅读测试考虑的是汉字出现的语境，是以汉字为手段，透过汉字考察的是汉语能力，而不考虑汉字本身的因素。

(3) 内容不同

第一，广度。华语阅读测试是对整个语境意义的考察，某个字被选中只不过是抽样的结果，它只是一个观测点，好像大气、水文等的观测点，这个点的价值在于它能够代表周围的、相邻的情况。华语阅读测试只关注意义，基本不对字音、字形提出要求。汉字测试涉及跟目标字有关的形、音、义所有方面的知识。例如字形就包括了“偏旁、部首、笔画、笔顺等字形规范方面的知识，并具备一定的纠错能力”(汉字应用水平测试研究课题组，张一清执笔，2004)

第二，深度。华语阅读测试隐含的对汉字的要求仅限于跟这些汉字相对应的常用语素、常用词的形音义范围，就是说它不会以汉字为中心穷追猛打，而汉字测试的宗旨偏偏如此。例如：“一部分汉字还具有某些不常用

音项或特殊含义和用法，例如‘一唱一和’中的‘和(hè)’，‘一文不名’中的‘名(占有)’，能否准确把握这部分汉字的这一类读音、含义或用法，就成为判断他们汉字应用水平的深度标准。”(汉字应用水平测试研究课题组，张一清执笔，2004)

第三，起点和终点。以汉语为第二语言的测试(包括华语测试)都是以一个较低的水平为起点，以一个不太高的水平为终点。而据汉字测试课题组的研制报告，该测试的最低等级是中学水平的受试，以 4000 字为测试范围，而这已经超出了最高等级的华语测试。

(4) 方法不同

测试方法自然会受到测试目的、性质、内容的限制，反过来，测试的目的、性质和内容也是靠方法来实现的。汉字测试只要跟汉字相适应的一切方法都可以使用，例如看拼音写汉字和看汉字写拼音、写偏旁、写笔画等；而华语阅读测试中，上面例举的方法都不适用，因为它们都脱离了阅读、脱离了语境。

(5) 抽样不同

汉字测试的抽样是从字出发的，例如“的”、“了”、“大”、“上”、“他”之类高度常用又没有什么“埋伏”的字永远不会作为样品，这从 2007 年的首次汉字测试的部分试题就能看得出。华语阅读测试的每一个汉字都是机会相对均等的单位，具体操作上，会适度向功能性强的语素倾斜，倾斜的依据是语素而不是字。

1.2 二者的联系

要说华语阅读测试跟汉字测试的联系，只有一点：表面上二者都是以汉字为应答单位的测试，汉字在测试中得到了不同程度的突出。这是他们的共性。

二 华语测试汉字总量及等级

“无论在中国古代还是当代,对常用汉字的选择大都在2000—4000字之间浮动,即3000字上下;而通用汉字则一般在7000字以内,基本为6000字左右。”(汉字应用水平测试研究课题组,孙曼均执笔,2004)确定华语阅读测试的汉字总量应该综合考虑下面几个因素:国内社会用字统计的一般结果;不同层次的人群识字统计结果;海外(以新加坡为例)对汉字量的要求;对外汉语教学的汉字量。最后再统筹考虑,得出华语阅读测试自己的汉字量。

2.1 国内社会用字的统计结果

我国用字的统计从很早就开始了,历代的字书如“三、百、千”和《文字蒙求》等,都在一定程度上是当时的常用字。现代意义上的字表始于民国时期的陈琴鹤所做的《语体文应用字汇》,收常用字4261个。其后至今的几十年间,我国有关部门一直很重视字频的统计,得到各种字表十几个。其中比较重要的字表例如:

2.1.1《现代汉语常用字表》

该表与《现代汉语通用字表》都是于1988年由国家语委完成统计,并向社会公布。常用字表分出了常用字2500和次常用字1000。该表的选字原则如下:

拟订常用字表的选字原则是:

(1) 根据汉字的使用频率,选取使用频率高的字。

(2) 在使用频率相同的情况下,选取学科分布广、使用度高的字。

(3) 根据汉字的构字能力和构词能力,选取构字能力和构词能力强的字。

(4) 根据汉字的实际使用(语义功能)情况斟酌取舍。有些字,在书面语中很少使用，进行用字统计时往往统计不到，但在社会日常生活中却很常用，像这类字，也应适当选取。

以上 4 条选字原则是综合运用的，不单纯依据某一原则决定取舍。（《现代汉语常用字表说明》）

严格的选字原则给该表带来了很高的权威性和实用性，例如覆盖率："2500 常用字覆盖率达 97.97%，1000 次常用字覆盖率达 1.51%，合计（3500 字）覆盖率达 99.48%。"这说明常用字表真正体现了"常用性"。该表迄今为止还发挥着相当大的影响，也是框定华语阅读测试字表的重要参照。

2.1.2 "报刊、广播电视、网络用字总表"（下称"用字总表"）

该表是国家语言文字工作委员会发布的《中国语言生活状况报告 2005》（下称《报告 2005》）的一部分。该表是纯描写性质的，对 2005 年报纸、广播电视、网络用字进行了调查，调查语料 7 亿多字。

《常用字表》、《通用字表》等字表毕竟已经在这个飞速发展的当代社会中走过了 20 年，这 20 年的变化从"用字总表"中可以得到体现。例如《常用字表》2500 字的覆盖率为 97.97%，而在"用字总表"中 2500 字的覆盖率则达到了 99.26%；反过来，97.97%的覆盖率仅需 1878 字。《常用字表》中 3500 字的覆盖率为 99.48%，而在"用字总表"中 3500 字的覆盖率达 99.84%；反过来，99.48%的覆盖率仅需 2731 字。

常用字覆盖率的提高是一个非常值得注意的现象，它说明随着现代汉语以双音节词为主要表达手段的发展，汉字单字的作用在下降——常用汉字量在下降，这对以汉字难为最大障碍的汉语国际化来说，无疑是一个好的信号。

作为最新的字频统计成果，"用字总表"无疑也是华语阅读测试汉字量的一个重要参照。

2.2 不同层次人群识字情况

2.2.1 汉语母语者

字表反映的是某个时代中国社会作为一个整体的用字情况，不代表社会上任何一个人群(不同文化水平、不同行业)的真实汉字量。因此，汉字测试在确定测试用字表之前，在国内针对不同层次的典型用字人群，例如公务人员、教师、编辑、大专院校学生，进行了测查。结果显示："在识字数量为5500、4500、4000三个标志处，人数呈现出明显的集中趋势，显示出鲜明的众数特征；分别集中在三个标志处的人也各自呈现出明显的行业和受教育程度特征。因此，以字种数量为指标界定和描述人使用汉字的能力和水平就确定为3500—4000、4000—4500、4500—5500三个等级。"(汉字应用水平测试研究课题组，张一清执笔，2004)

从测量学的角度讲，这个"测查"的结果就是一般意义上的常模了。对于汉字测试来说，有了这两方面的基础，字表就基本可以确定了。对于华语测试，还需要考虑另外两方面的数据来源：海外(以新加坡为代表)对汉字量的要求，对外汉语教学的汉字量。

2.2.2 海外华裔

华语测试面向海外，当然需要了解海外的汉字情况。包括两个方面：一方面是静态的词表，这方面就我们掌握的资料目前只有新加坡；另一方面就是不同层次、不同行业人群实际汉字量调查。后者还没有见到相关资料，本书也不具备条件开展这方面的研究，但在将来制订华语阅读测试汉字表的时候有必要了解相关情况。下面主要介绍新加坡中小学汉字要求。①

---

① 数据及说明来源：http://www.moe.gov.sg/cpdd/doc/chinese/CLSyllabus%202002%20%20Folder/sm1.html

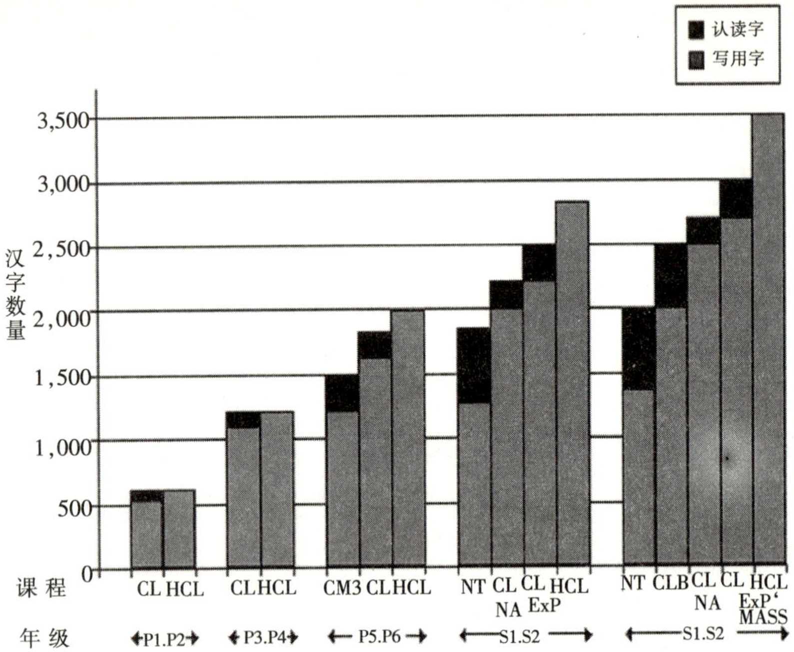

图 4—1 新加坡中小学生应学习的汉字数量

上图显示的是新加坡中小学各教学阶段的汉字要求。说明如下：

(1)《中小学华文字表》(下称本“字表”) 共收常用及次常用汉字 3500 个，作为课程设计、教材编写、课堂教学与测试的主要根据。

(2) 本“字表”依中小学各课程的教学目标与需求，将所选定的 3500 字分别编入三种不同的字表中，以供应用。这三个字表是：

表一：中小学华文/高级华文课程字表

表二：中小学基础华文课程字表

表三：中学华文 B 课程字表

(3) 上述各字表都按两个学年为一学习阶段分级。各字表所收的字累积递进，重叠交叉，但都在所选定的 3500 字内。为方便查找，本“字表”另设《中小学华文检字表》，列为表四。

(4) 鉴于《中小学华文/高级华文课程字表》的交叉情况较为复杂，表一因此进一步把 3500 字按其出现的次序分为五个分表，即甲、乙、丙、丁、戊。各表的收字与应用细节如下：

① 甲表收字 600,供小学华文课程小一、小二、小三、小四及小学高级华文课程小一、小二用。

② 乙表收字 600,供小学华文课程小三、小四、小五、小六及小学高级华文课程小三、小四用。

③ 丙表收字 800,供小学高级华文课程小五、小六及中学华文课程中一、中二用。

④ 丁表收字 800,供中学华文课程中一至中五及中学高级华文课程中一、中二用。

⑤ 戊表收字 700,供中学华文课程中三至中五及中学高级华文课程中三、中四用。

另外,戊表最高阶 500 字,只供中三、中四高级华文课程用,不在其他字表重现。

2.2.3 对外汉语教学的汉字量

对外汉语教学是词本位的,《汉语水平词汇与汉字等级大纲》所收汉字主要是词表分析的结果,从词到字,再经过专家定性干预,最终确定 2905 个字。由于这个大纲是 1992 年的产物,已有 20 年的历史,也显得有些陈旧。按照大纲研制说明,2905 个字的覆盖率为 98%。而在"用字总表"中,98%的覆盖率仅需 1887 字;反过来,2905 字的覆盖率为 99.6%。可见,其中的差距还是很大的。

半个世纪的对外汉语教学,还没有过针对留学生汉字实际掌握情况的大型调查,但业内人士单枪匹马所做的研究还是有一些,从中可以看到留学生汉字掌握的一些具体数据。例如王又民(2002)统计发现,全日制院校学过一年半汉语的学生,对学过的 2000 个汉字,最多的使用过 1300 个,而一般只使用 900 个,还不到一半。李大遂(2003)统计得出了高级班的综合识字量为 1616 字,只占设计识字量的 56%。

2.3 华语阅读测试汉字量及分级的初步考虑

上文初步讨论了汉语母语者、华语者、汉语作为第二语言的一般外国人掌握汉字的情况。确定华语阅读测试的汉字量，这些信息是重要的参照。下面讨论华语阅读测试用字的几个界标。

(1)1500 字

这大体是中国小学生低年级的识字量，按《全日制义务教育语文课程标准(实验稿)》，低年级小学生应该认识常用字 1600—1800，其中 800—1000 应该会写。这也是留学生高级阶段一般留学生实际掌握的汉字量，这还是新加坡小学中高年级(四、五年级)应该掌握的汉字量。这个汉字量在"用字总表"中覆盖率为 96.3%。

(2)2000 字

这是中国小学中级阶段(三、四年级)的汉字量，是留学生高级阶段优秀学生的汉字量，是新加坡小学高年级高级华文课程(即优秀学生)的汉字量。这个量在"用字总表"中的覆盖率为 98.33%，已经超过了《常用字表》中 2500 字的覆盖率(97.97%)。

(3)2500 字

这是中国小学毕业的汉字量，是新加坡中学初段的汉字量，也是优秀的本科毕业留学生能够达到的汉字量。这个量在"用字总表"中的覆盖率为 99.26%，这个字量的覆盖率已经接近了《常用字表》3500 字的覆盖率(99.48%)。

(4)3000 字

这是中国初中中段的汉字量，是新加坡普通华文课程中学毕业的汉字量或高级华文课程初段的汉字量，已经超出了本科留学生要求的汉字量。这个量在"用字总表"中的覆盖率为 99.65%，这也是超出了《常用字表》覆盖率的汉字量。

综合上面的情况看，华语阅读测试的汉字量不宜超出 3000 字。原因有以下三点：

第一，3000 的字量已经超出了《常用字表》3500 字的覆盖率，这说明随着社会的发展变化，字种的要求正在降低，3000 字已经足够达到中等程度

(一般中国人)的水平。

第二,该字量已经达到甚至超出了新加坡中英双语体制下普通华文课程的中学(高中)毕业要求。

第三,该字量已经超出了一般留学生本科毕业的要求。

同时,上面的比较也说明,华语阅读测试的最低汉字要求不宜低于1500,这个数据已经是中国小学的第一阶段(最初阶段)的要求了。低于1500也就低于一般水平外国留学生本科(零起点本科毕业)的程度。

明确了上下限,接下来讨论分级。

HSK 的等级设置曾招致了不少批评(张凯,2004;金名、红尘,2002),主要的问题是分级过细,HSK 最初的等级差甚至小于一个标准差。分级越细,越难保证科学性,这与公正评价的初衷是相左的。

HSK 还有一个问题就是初、中、高的模糊性。初、中、高本来是对外汉语教学阶段的分级,初级阶段、中级阶段、高级阶段反映的是教学时长,在 HSK 中表示初等、中等、高等。在高等的分数等级说明中又说 11 级(最高级)是"从事以汉语为交际工具的一般性工作的合格(高)标准,亦可视做达到中级翻译水平"(重点号为本书作者所加)。

借鉴 HSK 分级上的这两个问题,以及上面对几个界标的讨论,我们拟将华语阅读测试的分级跟国内学制对应起来,分为基础级(1500 字,对应中国小学低年级)、提高级(2000 字,对应中国小学高年级)、熟练级(2500 字,对应中国初中程度)、母语级(3000 字,对应中国高中程度)。

这几个级别的要求都适当低于国内汉语母语者,而高于一般以汉语为第二语言的外国人。这个分级方式主要是针对阅读测试,但也不妨适当调整,延展至听力、说话、写作三种测试中。

三　字量字种与词汇量的关系

华语阅读测试的字表确定应以汉字为基础，从字到词，再从词到字，辅以定性干预。具体而言，应采取如下几个步骤：

第一步：按频率确定字种和字量。(3000 高频字暂定)

第二步：按频率确定词汇量。下面是《报告 2005》中不同覆盖率的词种数：

表 4—1　词语数量与覆盖率

词语数	覆盖率(%)
4179	80
11231	90
12805	91
14780	92
17262	93
20454	94
24787	95
31110	96
41440	97
62025	98
134664	99
1651744	100

上表中两头的数据对考虑测试用词汇量没有意义。80%太低，而 97%时的词汇量已经接近《新华词典》的字词总量(47200)，显然，对于华语测试不可能取这么多。掐头去尾，剩下的相邻数据相减，得出每增加一个百分点的覆盖率递增的词语数，如下表：

表 4-2　90%—96%的覆盖率增长需要的词语增幅

词语增幅	覆盖率(%)
	90
1574	91
1975	92
2482	93
3192	94
4333	95
6323	96

可以看到，覆盖率从 91%—95%词语递增比较平稳，特别是 91%—94%之间递增尤其缓慢。96%的覆盖率是一个拐点，增加一个百分点需要增加的词汇数量开始大幅攀升。以 95%覆盖率时的 24787 个词汇来看，这个词汇量低于我国中学生的词汇量，按 1∶20 的构词比例，一般中国人的词汇量应该在 6 万左右(张凯，1997；李清华，1999；杨涛等，2007)，但比对外汉语教学的词汇量 8822 高出很多，与我国部分重点英语专业的词汇量要求(25000)相仿(李清华，1999)，也与 GRE 考试要求的词汇量(22000)相仿。所以不妨考虑将华语阅读测试的词汇量定在 20000—25000 之间，即 94%—95%的覆盖率之间。

第三步：以 3000 高频字为基础，剔除超出 3000 字种之外的词，根据 3000 字的联想构词增补一些词。

第四步：根据华语词汇情况进一步调整并确定词表。①

第五步：分级，根据字种对词表分级。

---

① 确定字表、词表是较大的工程并带有相当程度的官方色彩，本书以 3000 高频字为讨论的基础，仅仅是出于研究的需要，而并不是说它是华语测试可依循的成熟字表。至于词表的确定就更加复杂，本书也不做这方面的讨论。下文涉及要确定词汇背景及句子、语篇背景中的词汇时，只是确保将词汇控制在所需要依从的常用字等级范围内以及由这些字构成的常用词范围内，其他方面不做讨论。

这样就能获得刺激点(语素)和背景(词)的范围,试卷的基础就能够确定下来。

四 3000字的分层[①]

确定了字表,接下来的任务是建立一个科学、细致的分类体系,这是抽样代表性的保证。就是说必须对总体进行充分的认识和分析,以给抽样建立一个良好的基础。

抽样方案的设计一般包括如下几个主要步骤:

第一步:明确抽样目的。

第二步:定义总体及抽样元素。

第三步:构建抽样框。

第四步:选择抽样技术。

第五步:确定样本量。

第六步:实施抽样。

4.1 抽样的目的

本抽样不是为了测查汉字,而是为了透过汉字达到对语言能力的推断。这就决定了抽样不是依据汉字特征而是依据语素特征出发的,但字形因素也不是完全没有意义,需要的话,字形可以作为最后的分类因素。

4.2 抽样总体及抽样元素

抽样总体即3000常用字,抽样元素是语素。

---

① 本部分“汉字”和“语素”这两个概念会交叉使用,实际情况决定只能如此。3000字是抽样的总体,这时不能使用语素这个概念,建立抽样框以及实施抽样,则都是建立在语素的概念上。

4.3 构建抽样框

抽样框是大于抽样元素而小于总体的一个中间单位,是规定性的、辅助性的层次,目的是要得到对总体的有理、有效的抽样。“有理”就是要合学理;“有效”就是兼顾效率,尽可能简洁。而如何对 3000 字进行分析,分出具有内部同质性、外部异质性的若干抽样框,这是一项棘手的工作,也是一项核心工作。语言能力是一个复杂的概念,语素的抽样是一个多层次的复杂抽样过程,随机抽样在完成了抽样框的建立之后才能运用。

(1) 第一步分层:分级别

上文将华语阅读测试分为基础级(1500 字)、提高级(2000 字)、熟练级(2500 字)、母语级(3000 字),这样就得到了 1500＋500＋500＋500 这 4 个子集。从学习阶段以及具体抽样操作来看,每一段相对于后段有独立性,相对于前段有包容性,同时又有自身的主体性。

(2) 第二步分层:语义语法类

语法跟语义分不开,语法范畴就是最概括的语义,语法类就是最概括的语义类,词类、语素类当然也是一样。所以,从语素类(名素、动素、形素……)入手,然后再进行小的语义类划分,这个关系是顺畅的。

语素的语法分类同词类基本一样,只是把“词”换成“素”就可以了(个别词类在语素层面不存在,如状态词“通红”、“碧绿”之类)。语素的语法类分为:名素、动素、形素、区别素、数素、量素、代素、副素、介素、连素、助素、叹素、象声素、语气素(马真,1997)。作为抽样框,这些类还需要整理一下。首先,名素、动素、形素(包括区别素)无疑应该分别作为一级抽样框。代素、副素、数素、量素、介素、连素、助素也可以考虑分别作为一级抽样框。叹素、象声素不参与构句,测试的价值不大且不便于测试,可以不予考虑。这样初步得到 10 个一级抽样框,它们是:名素框、动素框、形素框、代素框、量素框、数素框、副素框、介素框、连素框、助素框。

语法类下继续分出语法亚类或语义类。例如名素下可以分出人物(人和物)、时间、方位(邢福义,1996:160－161)。指物名素数量仍相当庞大,可以继续分出表生物的类、表非生物的类等。动素下可以分出行为、心理、历程、断事、使令、辅助等(邢福义,1996:168－171)。行为动素数量庞大,可继续分为具体动作类、抽象动作类等。总之,经过这样的分类,可以构建起适合抽样需要的抽样框群。

从末级的抽样框中按比例随机抽取样品,就组成了一个有较好代表性的样本,因为这样的抽样既覆盖了总体中的每一个元素,也覆盖了元素间的每一种差异。

4.4 选择抽样技术

从上面的讨论可以看出,以语素为单位的抽样采取的是分层抽样,从末级的抽样框中随机抽取样品。但这还不够完善,还需要修正系数。

不同类别的语素,其语法价值是不同的,负担更多语法功能的语素,例如介、助、连素,总体数量小,出现频率高,学习难度大,类推代表性差,而物质名素则刚好相反。有鉴于此,就应该考虑给这些语素在等概率抽样量基础上,另外乘以一个大于1或小于1的系数,而且这些系数要随着测试层次的不同而调整,以更好地实现对语言能力的测量。例如,初等的测试虚字类抽样框的入样系数要大于1,而高等级的测试,虚字类恐怕已经属于理论上早已掌握的内容了,测试重点应该向实字类转移,实字类的入样比例就应该大于1了。

总之,汉字单位的抽样技术的选择可以表述为:分层次不等概率抽样。

4.5 确定样本量

样本量即样本容量,也即样品的数量。语素的抽样数量是以下几点综合作用的结果:

(1) 同级水平的汉语母语者单位时间内完成的题量。

(2) 华裔常模单位时间内完成的题量。

(3) 卷面长度(题量)与测验成绩的敏感性,即寻找拐点。

(4) 末级抽样框的数量,即抽样总体的异质性程度。

(5) 按统计方法确定样本量。例如按照经验法,样本量应不低于5%,以初级目标总体的1500字,最少应该抽取75字。根据经验,5%以上的抽样密度就已经比较可靠了。一般对经验式(教条式)方法的批评在于它不经济,对于社会调查,因为要面向社会实施抽样,有时候总体会相当大,经济性意味着操作方案的可行性,而对于例如以字表为总体的抽样,批评的基础就不存在了。

按照置信区间法计算的话,假如要在95%的置信区间范围内达到±10%的精确度,需要100左右的样本量;达到±7%的精确度需要150的样本量;假如要把精度提高到±5%,需要300以上的样本量。

下一章我们拟以1500的基础字量(语素数量会增加)为总体,按10%,抽取150的样本量,这个数量按经验抽样法已经是一个较高的抽取比例,按置信区间法也有较高的精确度。

需要明确的是:

① 样本量的确定是各种因素综合作用的结果,特别是理论预期和测试实践反复修正的结果。

② 样本量并不是最重要的事,因为它决定的是精度。比样本量更为重要的是样本的代表性——这是由抽样方法决定的。

五　本章小结

抽样的好坏,对华语阅读测试的面貌和品质具有决定性的影响。本章的讨论,核心问题只有一个:如何得到一个高质量的语素抽样。

本章首先讨论了以汉字为应答单位的阅读测试与汉字应用水平测试的区别与联系,讨论明确了二者是性质不同的测试,性质不同即隐含了一系列的不同,要说二者的联系,只有一点:表面上二者都是以汉字为应答单位的测试。

接下来讨论了华语阅读测试的汉字总量及分级问题，初步确定了 3000 字的总量，和基础级(1500)、提高级(2000)、熟练级(2500)、母语级(3000)共 4 个级别。这个总量和分级模式有两个特点：高于对一般外国留学生的要求，低于中国的《新课标》要求，使华语测试的级别跟汉语母语者的汉语水平联系起来。

字量和词汇量的对应关系也是本章研究的问题。因为字表可以说是测点的范围，而词汇表则是测点的词汇环境范围。不明确环境范围，字这个单位就没有了依托。讨论的结果，初步明确了 25000 这个拐点上的词汇量。

本章最后讨论了语素的抽样程序。要想得到一个对阅读能力具有代表性的语素样本，细腻的分层是前提和保证。

第五章 为华语阅读测试的语素抽样(下)

本章以基础级的1500个高频字为总体，实施分层和抽样。目的有两个：一方面把分层、抽样讨论得更深入一些，一方面为阅读测试的进一步讨论打下基础。下面的字表节自《报告2005》“报纸、广播电视、网络用字总表”最高频的1500字。

一 1500字的语素分类说明

让1500字所代表的语素各就各位。其间遇到的主要问题是一个汉字多个语素的问题，简要说明如下：

(1)多音字按照字音分别归类。例如“传”有zhuàn和chuán两个音，分别归属于名素和动素；“干”有gàn和gān两个音，分别归属于动素和名素。但如果两个音一个很常用，而另一个不很常用，不属于一个层次，就只选常用音所代表的语素。

(2)多义字按照主要的义项分别归类。例如，“只”单独使用主要做量词，又常常跟“有”合起来(或者单独)做副词，所以把“只”分别归入量、副两类。

(3)能够单独使用的语素，考虑其单独使用时的性质；不能独立运用的，考虑该语素出现的合成词的性质。既能独立运用，又有高频的合成词时，则同时考虑两种情况。例如，尽管《现代汉语词典》上“底”只标注了名一个词性，但由于常常出现于副词“到底”，我们把它标注为名、副两类，就是说包括了该语素所在的合成词的类别。

(4)我们的原则是以主要用法为依据,不能面面俱到。例如“把”,《现代汉语词典》上标注的词性有动、介、名、量、助五种。考虑到层次性,本阶段暂标注前四种。

(5)标注后的语素量超出字种量,超出的多少体现了标注的宽严。同样的字,在不同层级的测试中标注的语素种类不同,高层次的测试,语素标注就细腻些,相反则更简略,只考虑主要用法。

二　1500个高频汉字①

的一在是有国了中人不大年为上这和个会日时到出行报新我对发来市业
以要生他经家地成公后场们者多能本作现就于分前进部也方可下全得将
月法说过员开民学高工天动车自今主用关赛理而队产都力体比实所最区
资面球定事还加与同长机之子元记小合电内第名重美其表价深当通明但
特次点司等金目外心利政制广从此文看好展建手闻已两位情品没道京如
度化里股版北务间因三保然期起网被入提很着问意海东题证安并社些正
圳平相性信种万商据总斯门管交去应权联华育教更水及西强城由代无费
活站样受设专打调解向只投基原任规南院系先常量格认示数果路达世查
集尔女计州首么台企持收物给各乐老接军科局式那处立运际该至想界团
己二改周回组论告决结选身德少近直张使导程案参让十感流评件足求影
节做视增别口观你消标马服头布克山取议房术线话每非办共拉委风亚领
转知四技指把济她未统再气单许息书几连整反营王造传财项放级或推讯
李准难医变空热省士完府才客英超条始续销米获考又注众游环支站走步
儿何师号确带况望见势警源什责型创奖需协演质形举较争色治约容真具
称汽罗显则昨施率牌快星图采供易党银低巴份江研油职备排校款光户半

① 本汉字表截取国家语言文字工作委员会发布的《中国语言生活状况报告2005》中的“报刊、广播电视、网络用字总表”中的前1500个汉字。相比于国家语委1988年颁发的《常用汉字表》,这个表较为切近现在,姑且以此为基础展开讨论。

引防包失五林击病律像仅精构太农监段划清住限险根助票火港百复券速
亿花越晚预青类效胜置声购即维练售负候值居健终义历优随必响益村究
男奥友片象装欢买刘龙爱双护往红编存诉卡神功曾升却控且极介境照它
边检陈列孩断音织访态除觉严策阿积航卫载试兰午欧言死满希食志请冠
落钱尼致批娱某审范洋便尽离旅季突飞料字石纪干亲革官底另宝黄白岁
识盘切普谈史远纳页副降早播康训伤六群富税破继剧均依彩夫香模伊板
命刚执春思卖配例按药听判园洲属承否够络楼故届算额迎阳店福围河印
层铁习担验送拿仍宜停初招语艺综席轻虽兴养轮念温短庭留景浪找止奇
状左占班修眼察讲写右媒武器犯角宁紧救威露绍波央博域厂核令善待差
土竞融钟绩疑素苏密适坛假压充余庆录云劳派括县货韩独须测坚黑临急
愿辆绝害略湖免室篮涨刊辑疗换吃减古冲良田千稳攻申遇尚补订罪促择
酒馆征喜托索幅街币缺盟登透乎母追顺八困甚顾歌杨违移帮激戏族悉雷
沙细读巨幕朝澳七败湾跟束拍画怎培签诺吉迷抢错简挥杯迪汇亮镇森互
退贸纷损您抗禁俱章付呢笔陆守套伟血块味佳似频父码毒爆材俄久胡杀
杰哈谢休座罚典烈丰萨输汉夏窗障夺涉乡丽津锋朋舞阶谁脑矿川措吸授
秀钢赢松摄雨唱析询扬亡鹏永吗刻姆孙虑染逐鲁裁肯射皮婚跌遭兵棋阵
董峰般础拥借锦倒附鲜尤九赵竟扩抓麦童牛背答煤讨叫笑异焦危桥毕粤
患序予启弹顿伦贷晓著述靠针礼租玉岛督努灾厅赶误聚贵吴泰苦雪操库
树献课荣鄂坐私刑朱卓晨脚封藏跑偿夜惊探曲勒曼筑瑞距塔映栏烟微延
塞乖船暴箭零盛架润含莱皇乱餐顶哥掌享援键秘衣翻稿冷杂岸熟既恐遗
智甲炸折呼惠避端赔召赫木坦跳债污驾梅绿档涛玩吧妈怀郑朗嫌概岗释
菲静闭贝姓堂归渐穿莫妇寻洛齐驶软勇恶徐姐斗疫灵丹雅宏饭挑宫掉宜
姚震珠幸豪伍埃暂毛诚蓝迅圈旧途蒙散痛盖菜励估蒂弱榜冰牙雄伙宇驻
沪恩固刺饮怕瓦谐筹聘仪敏狂潮宾遍伯握日屋阅纸鼓梦摩楚凯累署抵储
洗旗辽繁宅鉴邮挂慢泉侵贴野佛燃净偏趋赞袭捐鱼箱枪倍镜迹坏醒弃辉
账末脱截符宽荐妻禽庄返逃谓洪潜杆句缩沿抽疾隆衡触杜秋伴帅替梁贫
龄纯趋丁缓彻乌扣沈灯厚硬嘉沉奋舒若弟虎骨滑叶黎肉宗巡侧脸隐锁吨

跨诊饰词洁搞邦郭戴卢唐恢赴毫扎残乏娃圣册敢辛啊宋傻冬沟泛忙凭劲谋陷昌赌凌贯祖迫撞骗摆秒症忠刀径览揭拒纽轿祥艾誉液尊畅邀洞迟井殊帕迈搜默盗混拟贡跃虚晶廉奶涌魔舍欣捕植振圆弗紫横滨敌渐盾惯泽翔搭岭赏撤麻详漫咨忆旁欠阻闲呈沃倾腐娜忘冒拜缴兼耗译纺捷丝薪滚废暗亏徒矛辞贾鸡烧偷铺厦耳芳敦籍坡卷茶珍缘链粉床奔赖燕喝熊爸欲胁迁暖阴苗勤胎祝胞篇霍轨抱墙猛番仁仓荷盈淡踪兹赠拓纠佩羊剑怪甘凡君宪郊炒拖艰践浦尾拆斌

三　样本框数量的确定

对这些汉字按语素进行标注分类，得到了 10 个一级样本框，1738 个语素元素，也即语素个体。统计如下：

表 5—1　1500 汉字的语素分类

动素	614
形素	232
数素	18
量素	78
代素	23
副素	87
介素	28
连素	14
助素	14
总计	1738

这 10 个样本框还需要进一步细化，以提高样本的代表性。

假定抽取比例是 x%，如果一个样本框内的个体 n 不能满足公式：$n \geqslant 1/x\%$，样品量会小于 1，这将无法抽取。例如，本研究将按照 10%的比例抽样，那么一般情况下，最小样本框内的元素不应少于 10 个。

如果不界定最小样本框内的元素数量，一味地按照四舍五入强行抽取，这将意味着失去原则，同太粗线条的抽样一样，也会影响样本的构成和代表性。所以下文将以 n≥1/x%为基本原则确立最小样本框，必要时加以干预。

上面的讨论是把所有的语素类按照相同的权重进行抽样的，但因为不同类别的语素在语言中所起的作用不同，这就需要依据语言学理论对这 10 个小类进行归纳，然后在 10%的抽样基础上进行调整，分别赋予不同的权重。

邢福义(1996)将汉语的词类归结为三大类：成分词(名、动、形、副)、特殊成分词(数、量、代、拟音)、非成分词(介、连、助)。本书暂参照这个分类讨论下位分类。

名词是最具有开放性的一类词，也是数量最庞大的一类。语素虽不具有开放性，但名素仍然是数量最多的语素。紧随其后的是动素和形素。名素是关于世界本体的知识，动、形是对客体运动变化和性质的描绘。线条粗一些的话，可以把这三大类语素合为一类，给以相同的权重；线条细一些的话，把名词单独出来，单独给一个权重。本书姑且赋予三者相同的权重。副素从属于动、形，数素、量素主要从属于名素，三者都是对客体及其性质的更为具体的描绘，可以合为一类，给以相同的权重。代素最为特殊，兼具多种性质，单独作为一类数量又太少，姑且跟副、数、量合并。剩下的结构词算做一类。这样就把 10 个样本框分成了三组：

第一组：名、动、形。

第二组：数、量、代、副。

第三组：介、连、助。

第一组对于高级阶段的测试来说显得更加重要，内容丰富，测试面开阔，也更加具有区别性；基础阶段则相反，宜适当削减它的权重。第三组则是基础的语言能力，内容较少，更加适合基础层次的测试，宜适当增加权重。第二组(主要是副素和个体量素)则处于中间状态。基于此，我们把基础层面华语阅读测试的抽样比例从平均的10%加权调整如下：

第一组（名、动、形）抽样比例：10%×0.8＝8%，最小样本框个体数量为1/8%＝13（个）。

第二组（数、量、代、副）抽样比例：10%×1.0＝10%，最小样本框个体数量为1/10%＝10（个）。

第三组（介、连、助）抽样比例：10%×1.2＝12%，最小样本框个体数量为1/12%＝8（个）。

进一步，得出10个一级样本框，这样就可以得到直接用来抽样的末级样本框。我们把上面的讨论用表格的形式做一个总结：

表5—2　1738语素的类别与抽样设计

语素	数量	平均抽样比例(%)	权重	实际抽样比例(%)	样本框内最少个体数量	理论允许的最多样本框数量
名素	628	10	0.8	8	13	628/13≈48
动素	614	10	0.8	8	13	614/13≈47
形素	232	10	0.8	8	13	232/13≈18
数素	18	10	1.0	10	10	18/10≈2
量素	78	10	1.0	10	10	78/10≈8
代素	23	10	1.0	10	10	23/10≈2
副素	87	10	1.0	10	10	87/10≈9
介素	28	10	1.2	12	8	28/8≈4
连素	14	10	1.2	12	8	14/8≈2
助素	14	10	1.2	12	8	14/8≈2
总计	1738	—	—	—	—	142

需要说明的是，142个样本框只是“理论允许”的最多数量，不是必须分出这么多，因为对象本身的异质性程度未必有这么大。我们必须依据对象本身的特点，确定样本框的层次和数量，按照各自的抽取比例确定抽取量，

再以随机抽取的方式获得样品，最终同样会得到一个含有 142 个样品的样本。

四　样本框的具体构建

4.1 名素

名素有 628 个。“名词有三类：人物名词、时间名词和方所名词。”(邢福义，1996：160)名素的分类也可以依据这个框架。这样就得到指人、指物、时间、方所四个下位分类。下面分别讨论。

(1) 指人名素

名素总体中包含了 92 个指人名素，在总量和异质性上都还存在继续划分的空间，可继续下分为 4 个样本框：

亲属称谓名素，17 个：爸伯弟儿夫父妇哥孩姐妈母奶妻孙子祖

常见姓氏名素，19 个：陈董杜范郭韩李梁刘卢宋唐王吴伍姚赵郑周

社会称谓名素，41 个：伴宾兵盗敌丁犯佛工公官皇家将警军君客媒民魔姆尼农朋神生圣师士帅童徒娃委文武医友员者

其他名素，15 个：阿帮胞党队户己娜人团姓众自宗族

(2) 方所名素

从名素总体中分析出 116 个方所类名素，分属下面 4 个样本框：

方向位置名素，23 个：北边滨底顶东后际间角里内南旁前上外西下向右中左

自然地域名素，34 个：岸澳场川岛地洞峰岗港沟海河湖沪江郊阶界径境空林岭陆洛坡浦森山田宇域园

规划地域名素，30 个：邦部处村道俄国华街京局鲁路欧社省市署司所县乡院粤藏镇圳州洲庄

地点建筑名素,29 个:仓厂迪店房宫馆号井居矿楼门铺墙桥舍室塔台坛堂厅庭屋厦校宅站

(3) 时间名素

时间名素总量和异质性程度都不大,不再分类。

时间名素,26 个:朝晨春旦点冬分候季今刻年期秋日时世岁天晚午夏夜月早昨

(4) 指物名素

指物名素数量庞大,计 394 个。这类名素的构成复杂,很难按统一的标准一次性分出比较理想的样本框。分析发现,动物、植物、生物构成、自然现象、器物、事物六类比较集中。先看前四类。

动、植物取通常意义上的理解;生物构成指的是解剖意义上的构成,例如毛、眼、牙、手等;自然现象如风、雨、水、火等。这四类的个体总量都比较小,可以作为末级样本框。下面列出这四类的分析结果:

动物名素,13 个:虎鸡龙马牛鹏禽象熊燕羊杨鱼

植物名素,14 个:艾菜草茶果荷花麻麦梅苗木树植

生物构成名素,38 个:背刺蒂额耳发粉根骨核怀脚口脸络毛面目脑皮肉身手首胎体头尾心血牙眼叶英掌指种足

自然现象名素,43 个:埃潮毒风光金景晶涛铁玉银钢液物贝冰波电火浪雷露煤气汽沙石水土星雪烟阳洋影雨云泽丝油声音

器物是人发明、使用的一切东西,如“车”、“船”、“药”、“酒”等。这类的内容比较庞杂,有 97 个。分析发现,其中,“竹木”相关的语素字形主要体现为有草头、竹头、木旁,可以分成一类。但也不尽然,例如作为名素的“把”,语义跟“木”相关很强,虽然没有字形关联,也要收进来,因为这是语义的类,不是字形的类,字形不过是一个线索。另外比较突出的还有金石类、丝帛类,剩下的归为杂类。这样,在器物这个大类下,一共得到 4 个样本框。

竹木类名素,28个:案把板版刊榜杯车船窗床杆构机架轿栏模排棋枪相箱笔管薪药篮

金石类名素,22个:宝弹刀盾轨环剑键箭镜链轮矛盘器钱锁图瓦针钟珠

丝帛类名素,30个:包报被本币布带单服稿革冠画结锦卷幕纽帕票旗券书网席线信衣纸装

其他器物名素,17个:表灯典饭盖鼓酒卡库米牌球泉食印章账

事物类,多为一些较抽象的名素,这类内容更加庞杂,有189个。遗憾的是我们目前还没有找到满意的下位划分方法。本书姑且采用笔画为线索,笔画类虽不代表样本的语义分布情况,但在一定程度上与学习的难度相关,以笔画为线索分类抽样,总比对189个字直接随机抽样的代表性要好。

事物名素Ⅰ(2—5画),27个:力义丹办区历巴片艺计业主乐令仪功务句史央末术汉甲礼节讯

事物名素Ⅱ(6—7画),43个:亚价企会传伤伦关兴刑则名因字式戏曲朱权此约纪色作况利劲序形志技材极步沈灾状系言证词财运

事物名素Ⅲ(8—9画),39个:事例制势味命幸态性法组罗规话责货质兹品响型城奖宪度律政故某标津活派珍疫科语费迹

事物名素Ⅳ(10—12画),45个:债剧容恩效料晓样格档泰班疾病症益础租素莱课调贾资途速商圈基婚情据措曼梦欲毫率理第绩职营萨著

事物名素Ⅴ(13画以上),35个:奥属斯款程税策缘辉量锋集像意数歌源盟福罪誉辞障龄疑端德摩踪题操霍餐藏籍

这样,经过上面的整理划分,初步得到了22个末级名素抽样框,名素的抽样就从这22个名素框中按比例随机抽取。

4.2 动素

动素有 614 个。邢福义(1996:168－171)将动词分为行为、心理、历程、断事、使令和辅助(能愿、趋向)六大类。从抽样的角度看,某些语法上的大类个体很少,突破了动素样本框最少包含 13 个抽样元素的限制,例如断事类只有 5 个,历程类只有 8 个,趋向类只有 10 个,考虑到这些特殊动素在语言中的重要性,宜特殊情况特殊对待,不足抽取一个的按一个抽取;至于行为动素,则内容庞大,占了动词总量的大多数,还需要进一步分类。下面构建动素样本框。

(1) 断事动素等

断事动素,5 个:是有像似如

历程动素,8 个:毕尽结历始束完续

趋向动素,10 个:来去上下进出回开起入

能愿动素,12 个:敢会肯怕求望想希要愿能恐

使令动素,15 个:拜伴调[1] 封叫令派聘请让认任使选祝

心理动素,39 个:爱服感估顾惯怀欢患恢激惊觉乐励料虑冒梦迷谋拟念佩迫企气赏舒思喜信应赞尊忘图忆知

(2) 动作动素

动作动素内容庞大,有 525 个,这些语素可以分为两大类。一类跟身体动作直接相关,例如提手旁的动素一般都跟手部动作直接相关,走之旁、足字旁的字都跟腿部动作直接有关,言字旁、口字旁都跟嘴部动作直接相关,目字旁都跟眼部动作直接相关。语素分类不是汉字分类,刚才提到的偏旁不过是一种线索,只要语素义密切相关的就可以归为一类,例如"放"、"夺"、"画"等都可以归入跟手相关的动作动素。下面先将身体动素的几个样本框划分出来:

"按"类动素,80 个:按把摆败报抱播捕采操拆撤持抽搭打担抵掉夺发放改搞给攻挂护画换挥教接揭拒捐抗控扣扩括拉连拿拍排批弃

抢摄收受授松搜损探提挑投推托拖拓握写扬拥援择扎掌招找折振执指抓撞

“奔”类动素,52 个:奔避步超达到登跌返赴赶跟践距跨离立迈跑迁趋适送随逃跳停通透退往违行巡邀遗迎遇跃运遭造站征止至住驻转[1] 追走阻

“保”类动素,25 个:保侧偿储传促代待倒得低干供候化借侵倾伤偷休修依作做

“查”类动素,22 个:查察呈督观监检见鉴看览省示视苏闻显醒阅照重著

“唱”类动素,47 个:唱吃答读罚访告哈含喝呼计记荐讲论默诺评启设审识试释述说诉谈讨听问误吸笑谐谢许询训议译饮召诊证咨

身体动作综合,52 个:包背病补裁触穿刺带戴盗等顶动斗赌端翻飞关划击驾解举卷练量疗临领买卖签切取杀射生售数死替脱玩围舞系翔学装坐

跟身体动作动素相对的是另一类动素,即跟身体动作不直接相关。经过上面的筛选,剩下 247 个这样的动素。作为一个样本框,这个数量还嫌太大,按照刚才的方式继续筛选已经没有作为,这就需要另辟分类的标准。马庆株(1981)将动词依据带时量宾语时的情况分出了持续动词和非持续动词,按照这个分类方式姑且对剩下的这 200 多个动素进行分类,划分出持续动素、非持续动素,以及通常不接时量宾语的三类动素。这样将动素的末级样本框都控制在了百个个体以下。

其他动素Ⅰ,69 个:爆闭变并参沉称成承冲存贷调[2] 订定断犯泛分腐归害汇混获交缴截禁聚绝决凯刊联留露录落漫免判骗塞散胜失输署锁贴同统亡息献销姓续移隐印赢映邮约赠炸[1] 置

其他动素Ⅱ,83 个:安帮备比编表测产长炒筹创防纺盖革管滚航耗核滑活积集辑建降救居考靠流旅努盘培潜庆燃染赛烧升施驶守算缩习洗陷寻压延研演验养引涌用游娱育在责增炸[2] 展占涨震争织制治

种助筑注转[2] 租

其他动素Ⅲ,95个:策充导电对反费符附复共贡构购够贯合横衡及济继加嘉兼减奖较介紧竞纠究均可亏劳勒理列凌略贸模纳赔配凭欠区缺容融润若尚绍舍涉申饰顺索突维委卫谓污务析袭嫌限享向消晓协胁需宜异盈余预欲载整正值致主属综

这样,经过上面的整理划分,初步得到了15个末级动素抽样框,动素的抽样就从这15个动素框中按比例随机抽取。

4.3 形素

形素有232个,数量远较名素和动素为少。语法学上把形容词分为性质形容词、状态形容词,在这里已经完全不适用,因为按此分类,形素都要归入性质类了。分析发现,形素中表空间、光色、时间、感觉(视觉之外的感觉)的语素比较突出,呈集中趋势,可以分别列为样本框。剩下的一批形素更接近传统所谓性质形容词,以"好坏善恶"最为典型。这批形素共有99个,还宜继续分类。以"好坏善恶"为例,这四个语素就可以分为两类:"善恶"属于专用性的,主要用来形容人的品质,姑且名为专用评价形素;"好坏"属于通用性的,名为通用评价形素。这样就把形素分为6个样本框。如下:

空间形素,49个:残长畅大单低独短多方纷丰高广横宏洪厚近巨空宽利辽隆乱满密偏平破齐全少深顺坦通湾微伟细小雄虚圆远整直

光色形素,28个:暗白彩楚粉光赫黑红黄洁净旧兰蓝朗黎丽亮绿美明青乌鲜新阴紫

感觉形素,37个:淡乏芳菲奋干甘滑坚焦静苦困累冷暖轻清热软弱熟死松痛温稳香辛欣幸宜易硬杂众重

时间形素,20个:迟古故缓急久快老慢忙舒完晚先闲迅永暂早终

专用评价形素,31个:斌诚敦恶富乖健杰康赖廉良鲁蒙男女贫亲勤仁傻善圣帅私祥秀勇优智忠

通用评价形素,67 个:安般暴便博差昌纯错对凡繁反废负副公固怪贵豪好胡坏惠吉佳嘉假艰简捷紧精具狂烈灵略猛秘敏难普奇强荣瑞盛实殊土危威沃险现详雅严野珍真正郑专准

4.4 量素

量素 78 个。首先按物量、动量分开。物量素再分为个体、非个体。非个体量素中,度量衡量素比较特别,列为一类,其他为一类。这样就分为 4 个样本框。

个体量素,35 个:把本部册层顶封幅个根股管号辑间件口款辆片篇首所台条头位项页员则张支只座

度量衡量素,10 个:度吨分毫角克块码米元

其他物量素,20 个:倍点段队对份付户级节截类列排群双套团些伙

动量素,13 个:遍步次顿番回届刻秒任下阵周

4.5 代素

代素 23 个,可以按人称、非人称分为 2 个样本框,如下:

人称代素,10 个:尔她们你您谁他我伊予

其他代素,13 个:各何另么每哪那其什它怎这之

4.6 副素

副素 87 个。按照语法分类,可将副素分为程度、范围、语气、时间、关联、否定、频率等 7 类。其中,关联、否定副素数量与最低要求的 10 个仅差 1 个,频率副素也比较少,只有 6 个,但也不宜跟其他类合在一起抽样,暂分别将它们单独作为样本框。如下:

程度副素,15 个:彻顶格更很极绝可略甚太特尤足最

范围副素,14 个:单都独凡共互仅尽俱律统悉只总

语气副素,17 个:本必便并倒底该概果竟究宁切确须原准

时间副素,17 个:才层初刚还即渐将仍尚突徐已曾正终逐

关联副素,9 个:但故既免且却然虽越

否定副素,9 个:别不非否弗没莫未无

频率副素,6 个:常频往也又再

4.7 介素

介素 30 个。邢福义(1996:214—217)将介词分为涉动和涉形两大类。小类有时空类、缘由类、凭借类、施受类、范围类、替代类、比较类等。但只有时空类能够满足数量上的要求,其他类的目标数量太少,无法满足建立样本框的需求,故合为 1 个样本框。如下:

时空介素,11 个:从当在往顺向缘临经于沿

其他介素,19 个:按把被比除对给跟管和据凭如同为像以由与

4.8 数、连、助素

数、连、助几类语素都太少,不能满足分类的最低要求,不再分类,每类作为 1 个样本框。如下:

数素,18 个:八百半二几九两零六七千三十四万五一亿

连素,14 个:边并但而和或即况且如尚因与则

助素,14 个:啊吧得的地过乎就了吗呢所之着

通过上文的分析,建立了 61 个末级抽样框,语素的抽取就从这 61 个抽样框中按各自的比例随机抽取。

五　语素样品的抽取

现在到了实施抽样的时候。下面将依据上文的讨论,把随机抽样的结

果列表如下：

表 5—3　1738 语素的抽样结果

一级分类	二级分类	抽样框	抽样比例(%)	样本量	随机样本
名素628	指人 92	亲属称谓 17	8	1	姐
		常见姓氏 19	8	2	郑赵
		社会称谓 41	8	3	医宾友
		其他名素 15	8	1	姓
	方所 116	方向位置 23	8	2	下底
		自然地域 34	8	3	岛海森
		规划地域 30	8	2	国欧
		地点建筑 29	8	2	塔厅
	时间 26	同左	8	2	冬夏
	指物 394	动物 13	8	1	龙
		植物 14	8	1	麦
		生物构成 38	8	3	脑指根
		自然现象 43	8	4	景玉油音
		案类 28	8	2	笔篮
		刀类 22	8	2	弹剑
		包类 30	8	2	布线
		其他器物 17	8	1	球
		事物Ⅰ27	8	2	汉讯
		事物Ⅱ43	8	3	会关作
		事物Ⅲ39	8	3	货质幸
		事物Ⅳ45	8	4	档途第础
		事物Ⅴ35	8	3	款税障

动素 614	断事 5	同左	8	1	像
	历程 8	同左	8	1	完
	趋向 10	同左	8	1	下
	能愿 12	同左	8	1	望
	使令 15	同左	8	1	叫
	心理 39	同左	8	3	料谋服
	行为 525	按类 80	8	6	把操拆摄托扩
		奔类 52	8	4	奔跳逃巡
		保类 25	8	2	待化
		查类 22	8	2	督视
		唱类 47	8	4	读识试释
		身体动作综合 52	8	4	练盗生死
		其他动素Ⅰ69	8	6	变聚约邮留免
		其他动素Ⅱ83	8	7	表纺努驶育炸滚
		其他动素Ⅲ95	8	8	值赔嫌容继异属缺
形素 232	空间 49	同左	8	4	巨长平整
	光色 28	同左	8	2	白朗
	感觉 37	同左	8	3	滑静累
	时间 20	同左	8	2	慢故
	专用 31	同左	8	2	圣私
	通用 67	同左	8	5	般安公吉实
数素 18	同左	同左	10	2	万三

量素 78	个体 35	同左	10	4	间口根则
	度量衡 10	同左	10	1	分
	其他物量 20	同左	10	2	份些
	动量 13	同左	10	1	秒
代素 23	人称 10	同左	10	1	你
	其他 13	同左	10	1	这
副素 87	程度 15	同左	10	2	彻略
	范围 14	同左	10	1	都
	语气 17	同左	10	2	底概
	时间 17	同左	10	2	渐还
	关联 9	同左	10	1	越
	否定 9	同左	10	1	非
	频率 6	同左	10	1	常
介素 30	时空 11	同左	12	1	临
	其他 19	同左	12	2	对跟
连素 14	同左	同左	12	1	如
助素 14	同左	同左	12	1	的

现在得到了一个含有 145 个样品的样本，因为四舍五入取整的原因，比预计的数量多出了 3 个。理论上，这个样本对 1738 个语素(1500 个汉字)应该具有较好的语义和语法代表性。

六　本章小结

本章以 1500 个高频字为基础，分析出 1738 个语素，随后对这 1738 个语素进行了语义语法分类尝试。我们一共为这些语素分出名素、动素、形素等 10 个一级分类，35 个二级分类，最终分成 61 个末级抽样框（理论上，其中个体含量较多的一些抽样框还可以进一步分类）。按照各自的抽样比例，从 61 个末级抽样框中共抽取了 145 个样品。这个样本对 1500 个汉字所代表的 1738 个语素具有语文、语法的代表性。如何把这些样品放到阅读测试中变成试题，这是下面章节要讨论的问题。

第六章　华语阅读测试的基本原则

前面的几章讨论华语测试的单位，并尝试抽取了基础级华语阅读测试的刺激单位——145个语素。为这些语素配上语境，就形成华语阅读测试的题目。

在进行这项工作之前，还有一些问题需要讨论和解决。例如，跟现有测试相比，华语阅读测试有没有自己的基本原则？如果说是华语阅读测试的确有某些重大改进，就必须说明它在深层次的命题原则上与既往测试有所不同。另外，华语阅读测试的卷面结构是怎样的？这些都是设计华语阅读测试需要先期解决的问题。本章及下一章主要讨论这两个基本问题。

命题的基本原则隐含在题型中，让我们首先回顾一下HSK（初中等）阅读考试的题型。

一　HSK（初、中等）阅读测试题型回顾

旧版的HSK除了听力理解之外，还有语法结构、阅读理解、综合填空，后三项都属于阅读的范围，所以改进版的HSK把后三项合并为综合阅读，题型如下：

题型1：

你 A. 怎么　B. 知道　C. 就是你要　D. 找的仓库呢？　那

题型2：

他随身带了一______橡皮泥。

A. 张　B. 只　C. 块　D. 棵

题型 3：

她正______。

A. 做给自己一条蓝底白花的裙子

B. 给自己做一条裙子的蓝底白花

C. 给自己做一条蓝底白花的裙子

D. 做一条蓝底白花的给裙子自己

题型 4：

你为什么把人放走了？我不是告诉过你这个人无论如何也得把他留住吗？

A. 能　B. 会　C. 要　D. 想

题型 5：

我丈夫读了那本杂志，看出了你写的那个人就是我。

A. 期刊　B. 报纸　C. 小说　D. 能够

题型 6：

羊是生活在陆地上的动物，但也有例外。非洲有一种生活在水里的水羊。这种羊双角弯长，眼睛是红色的，身体比陆地上的羊大二三倍，肚子下生长着密密的“托毛”。

当地居民养水羊的很多，村旁的小河边、水机上，水羊像鸭子、鹅一样到处可见。水羊以食水草为生，终年生活在水里，很少上陆地。成年的水羊可以像船一样做渡河的工具，也可以宰杀吃肉。

根据这段文字，与陆地上的羊相比，水羊：

A. 活得时间短　B. 个头大得多

C. 毛又稀又少　D. 肉不太好吃

题型 7：

凡入室阅览者，一律凭_____身份证领取座位号……

A. 别人　B. 本人　C. 人们　D. 大人

题型 8：

我的译文《黑人影星的忧郁》发表于贵刊第七期，但不巧的是，

该译文同时刊于《环球》第七期。现将实际情____说明如下……

从不同的视角分析这 8 种题型，可以得到如下一些不同的分类：

角度一：读写分离，题型 1—7；

读写结合，题型 8。

角度二：选择，题型 1—7；

填空，题型 8。

角度三：以单音节语素为刺激单位，题型 1、2、4、8；

以双音节词为刺激单位，题型 5、7；

以言语单位为刺激单位，题型 3、6。

二　华语阅读测试的基本原则

2.1 原则一：读写结合①

HSK 的绝大部分题型都是读写分离的，只有个别题型把二者结合起来。所谓分离，其实就是只需认读，不需书写。那么，要不要结合呢？HSK 读写分离的倾向有自己的考虑，但基于本书第一章、第二章的分析，读写结合应该在华语阅读测试中呈现为一个基本面貌。

读写结合就意味着要避免选择题。选择题的问世适应了两个需要：一是大规模，一是标准化。选择题降低了阅卷的难度，提高了评分的信度和效率。

选择题与生俱来的缺陷表现在受测方，表现在它对受测的不良反拨作用：鼓励猜测、重读轻写。这方面的研究有张颖（1988）、桂诗春（1988）、李光荣（1990）、俞爱菊（1990）、刘颂浩（1995）、周华（2005）等。能不能在华语测试中找到选择题的替代品？如果能找到既有选择题评分的方便和信度，

---

① 本书“读写”中的“写”是写汉字的意思。

又能有效避免猜测，具有良好反拨效度的替代品，这就不只是替代品，而是换代品了。

理论上，任何回答本质上都是基于选择的。有选择项的选择题无非是施测为受测限定了范围的选择，而无选择项的填空题是受测从自己大脑存储的记忆单元中进行选择。所以，理论上不必依赖选择题来实现信度，剩下来需要解决的不过是技术层面的问题。

上面的题型1、3本质上都是排序题，“选择”似乎不可替代，接下来，我们尝试仿照题型8，对题型2、4、5、6、7改头换面。

题型2：

他随身带了一_______橡皮泥。

A. 张　　B. 只　　C. 块　　D. 棵

该题即使把选择项去掉，被试从自己的脑子里也一样会把“块”（或者其他合适的量词）从“张”、“只”、“棵”等量词中选择出来以满足跟“橡皮泥”的搭配。但去掉选择项会衍生出两个问题：①答案不唯一怎么办？以上题而论，可能的答案决不止“块”一个，“盒”、“桶”、“箱”等都有可能；②因为字形因素影响应答怎么办？字形因素的影响表现无非两种可能：完全不会书写；书写有误。书写有误还能看出端倪，例如可以考虑给一定的分数，而完全没有书写就难说了，阅卷者无法得知到底是字形的因素还是其他因素影响了被试应答。其实单单书写有误的情况也足够阅卷者头疼了，因为错误的情况可能会千差万别。

如果将若干甚至全部题目的答案和少量干扰字合并到一起，制成一张字卡，就可以解决上面的两个难题。4个选项的猜测率是25%，而面对一张几十字、上百字的字卡，猜测因素已经被降低为零，被试只能从自己的脑海中选择答案，然后从字卡求得验证。字卡的价值之一在于控制答案的唯一性，价值之二即体现在评分上。因为字卡为受测提供了字形的校对功能，既可以避免仅仅因为书写的原因导致测试的不公平，也为机读识别提供了保证，可谓一箭双雕。

题型 4：

你为什么把人放走了？我不是告诉过你这个人无论如何也得把他留住吗？

A. 能　　B. 会　　C. 要　　D. 想

这个题完全可以把选择项去掉，而改为例如“问：得(dei)的意思是：______。”如果限定字数(限 1 字)，这个题有两个可能的答案：要、应。如果有字卡，答案不唯一的问题遂告解决。另外，这样的题目即结合同义词考察词义，“得”的庞大语境显得过于迂阔了。事实上，不但可以把选择项去掉，还可以把题干去掉，直接问：“得(dei)的意思是：______。”同样可以起到测试目标词(语素)的作用。(这是另外一个要讨论的问题，即最小语境，详见下文)

题型 5：

我丈夫读了那本杂志，看出了你写的那个人就是我。

A. 期刊　B. 报纸　C. 小说　D. 能够

这是以双音节词为单位的题，改造为以语素为单位，测试目标并不会改变：“我丈夫读了那本杂______，看出了你写的那个人就是我。”在改造后的题目中，语境才有意义，才更像阅读理解测试。而原来的题目，完全看不出语境有什么价值——确定杂志的同义词根本不需要上文的语境。

题型 6：

羊是生活在陆地上的动物，但也有例外。非洲有一种生活在水里的水羊。这种羊双角弯长，眼睛是红色的，身体比陆地上的羊大二三倍，肚子下生长着密密的“托毛”。

当地居民养水羊的很多，村旁的小河边、水机上，水羊像鸭子、鹅一样到处可见。水羊以食水草为生，终年生活在水里，很少上陆地。成年的水羊可以像船一样做渡河的工具，也可以宰杀吃肉。

根据这段文字，与陆地上的羊相比，水羊：

A. 活得时间短　　B. 个头大得多

C. 毛又稀又少　　D. 肉不太好吃

读短文回答问题是阅读理解的典型模式。表面上，这类题目是基于语段语篇的，是阅读能力的最好体现，但事实并非如此，许多这类阅读理解的题目其实是基于文中个别词汇的。一段短文懂不懂、懂多少，往往取决于被试的背景知识和对文中关键词的把握。

关于水羊的这段话就是一个典型的例子。原题目中说“根据这段文字，与陆地上的羊相比……”，但与其说“根据这段文字”，不如说根据“身体比陆地上的羊大二三倍”这句话更加实在些。找到了这句话，阅读能力随即转化为对“倍”这个关键词的理解。这样就可以做一个转换——在该题的文本中空出“倍”让受试填写。

题型 7：

凡入室阅览者，一律凭____身份证领取座位号……

A. 别人　　B. 本人　　C. 人们　　D. 大人

这个填空题跟题型 4、题型 5 其实没有什么不同，目标都是对词汇的理解，测试思路也都是同义近义词辨析，至于选择填空还是多项选择只不过是 4 选 1(辨析 4 个选择项)和 5 选 2(辨析题干词和 4 个选择项)的不同，没有本质差别。

经过上面的讨论，从理论和技术两方面都可以看到去选择题(即完全不使用选择题)的可行性。这为读写结合这条华语阅读测试的基本原则提供了支持。

2.2 原则二：最小语境

2.2.1 什么是最小语境

先看一个例子，假如目标语素是“在”，需要一个什么样的语境呢？

？他______食堂。

中间可以允许很多的可能字，例如：在、去、上、到、来、爱、恨、吃，等等，这还是已经加上了单音节的控制，如果是双音节就更多了。可见这还不是“在”的最小语境。

？他______食堂吃饭。

在这个句子中，“爱”、“恨”、“吃”排除了，其他一些单音节词，例如“去”仍然可以入句，可见语境还是不够。

？他______食堂工作。

感觉上“在”的倾向开始强烈一些了，但还是不行，“去”、“上”、“到”、“来”等仍可入句。继续扩展成例如下句：

他______食堂工作了40年。

在这个句子中，就普通话的一般表达来说，应该基本就是“在”了。

这就是最小语境，即能够使测试目标成为唯一目标的最短语境。“他在食堂工作了40年”这个句子不仅是“在”的最小语境，也是“堂”、“工”、“作”的最小语境。

他在食______工作了40年。

他在食堂______作了40年。

他在食堂工______了40年。

上面的例句是在句法层面上确立的最小语境。当然，确定最小语境并不限于句子，词、短语、句子、语篇各个层面上都存在最小语境，只不过效用功能有别罢了。

2.2.2 非最小语境的缺点

一张测试卷，卷面内容无非三部分：引导语、测试点、测试点的语境（在选择题中，干扰项也属于一种语境）。当前的测试有语境过于臃肿的现象。语境臃肿对测试有不良影响，主要的会导致单位时间内测试点的减少，影响样本量和测试的精度。前文曾使用过一段 HSK 关于中风的测试题。该阅读最后一问是根据最后一段话的第一句而发的，如下：

因为，这时思维处于朦胧状态，血液粘稠，脑部急性缺氧缺血，容易跌倒。在中风和猝死的病例中，有25%左右的人不能幸免于难，而大祸在这“一刹那”临头，真可谓祸从天降，使人措手不及。现代科学表明，中风是难以预报的，患有高血压和心脏病的人，应当切切牢记，当您苏醒时，头脑千万不要晃动，身体要保持原来的姿势，闭目养神3分钟后，再下床，这样脑部就不再缺氧缺血了，一切都与醒时正常人一样，用这种简单易行的自我保健疗法，可以防中风、猝死于未然。

【130】晚上醒来突然下床为什么容易跌倒？

A. 情绪紧张　B. 没休息好　C. 没有灯光　D. 脑缺氧缺血

全文 458 个字，而最后一段的第一句之后，字数却高达 182 字，几乎占到了全文长度的 40%。

臃肿的语境除了影响样本量之外，必然还会导致其他连带的副作用。以该题而论，如果有的学生老老实实读完短文再做题，而有的学生则颇有应试技巧，先看问题再从短文中寻找答案。相比之下，差去了 40%的时间。可见，臃肿的语境必然会模糊对施测结果的判断——影响被试成绩的因素到底是语言能力，还是应试技巧或其他什么因素？

可见，有必要把最小语境作为华语测试的一条基本原则。

2.2.3 最小语境的层次

(1) 词层面的最小语境

单音节构不成什么语境，但一个没有同素形式的多音节词，就有可能是最小语境了，这种情况主要存在于连绵词、多音节音译词、三音节以上的词或短语中[1]。例如：

连绵词：蝙蝠、葡萄、窈窕……

音译词：俄罗斯、美利坚、澳大利亚、印度尼西亚……

三音节合成词：吃老本、混凝土、将军肚、娇滴滴、开绿灯……

四音节(或以上)合成词：吃里爬外、浑水摸鱼、将计就计、娇生惯养……

上面的情况说明，在词汇的层面，只要谨慎选择，完全有可能做到仅凭一词就可以满足最小语境的要求，从而实现对目标语素、目标词的测试。但能够如此简约的情况不是很多，单音节词以及大部分双音节词则都需要通过组合的方式实现最小语境。

下面考察一般双音节合成词的情况。一般说来，双音节合成词几乎不可能满足最小语境的要求。不管空出前字或后字，通常都有一大堆的候选字等着"就座"。例如《现代汉语词典》(第5版)"文"字头下有64个双音节合成词：

文本、文笔、文才、文采、文场、文丑、文词、文辞、文旦、文牍、文法、文风、文稿、文告、文蛤、文官、文翰、文豪、文化、文火、文集、文件、文教、文静、文句、文具、文科、文库、文侩、文理、文盲、文庙、文明、文墨、文痞、文凭、文气、文契、文人、文弱、文身、纹饰、文书、文思、文坛、文体、文玩、文武、文物、文戏、文献、文选、文学、文雅、文言、文艺、文娱、文责、文摘、文章、文治、文治、文字、文宗

空后位字显然不行，把"文"空出来同样也没有任何希望。例如：文本、书本、课本、版本、孤本、范本等，一样有很多字等着抢占"文"的位置。是不

---

① 这不是说连绵词、音译词等任何时候都能满足最小语境的要求。例如"玻璃"是连绵词，"琉璃"也是连绵词，这两个词有共同的字"璃"。这种情况下，我们就不能确定"____璃"空出的是哪个字，就是说它提供的不是最小语境。音译词也是一样，例如"波兰"是音译词，但还有不是音译的"波浪"、"金兰"，所以"波____"或"____兰"都不行。三音节的情况也是这样，大量的三音节词自身构不成最小语境。四字成语比较能够满足最小语境的需要，但也例外，例如"付之一笑"、"付之一炬"，如果把最后一个字空出来也不行。

是就没有办法了呢？当然不是。只要引入“聚合”的观念，词汇层面的最小语境就可以轻松得到了。以“文”为例：

文：______笔、___*___采（注：___*___表示跟前面的空格同字，下同）

“______笔”这样的双音节词汇层面的组合有很多，例如：罢笔、败笔、代笔、刀笔、动笔等等。“____采”这样的双音节词汇层面的组合也有一些：风采、丰采、神采、文采等。但找遍所有能跟“笔”、“采”前位组合的语素，只有“文”能够同时满足“文笔”、“文采”这两个词。

采取空后位的方法同样奏效：

文：课____，语___*___

“课____”的类聚有：课本、课表、课程、课卷、课目、课时、课室、课税、课堂、课题、课外、课文、课业、课余等。“语____”的类聚有：语病、语词、语调、语法、语感、语汇、语句、语库、语料、语录、语气、语塞、语失、语素、语文、语系、语序、语言、语意、语音、语种、语族等。这两组词在后位上重叠的只有一个“文”字。

采取一个空后字、一个空前字的顶针法也同样奏效：

文：课____，___*___学

在这个顶针连缀中，只有“课文”和“文学”能拉上手，目标字“文”从中起到了桥梁作用。

除了上述方法之外，词汇层面的最小语境还可以采用同义法、反义法、列举暗示法等，举例如下：

同义法：高____＝高级＝高等　　答案：档

反义法：大小、好坏、快____　　答案：慢

列举法：亚____非美澳　　答案：欧

____地得着了过　　答案：的

跟传统的词汇测试题相比，词汇层面的最小语境测试法会使测试更加

富有效率，可以轻松容纳大量的试题，因此在相同测试时间的情况下会对测试的精度做出贡献。或者同样题量的情况下，可以使测试变得更加精简，使受试免受许多无谓的考试之苦。

基于汉语词法句法的一致性，词汇层面的最小语境测试兼具词汇和句法能力两方面的推断功能，但主要的还是词汇方面的能力推断，所以还需要进一步关注句子层面的最小语境问题。

(2) 句子层面的最小语境

以句子为最小语境，尽管测点只是一个字，但字词句是紧密结合在一起的，可以说是一词三鸟。句子层面的最小语境无疑处于阅读理解测试的核心位置。例如"他在食堂工____"，这句话中，跟"工作"这个词汇一样常用的还有"工厂"、"工人"、"工资"等，次常用的还有 50 余个。如果没有"作"这个语素的基础，没有"工作"这个词的基础，没有整个句子的背景，"作"都根本不可能填写出来。

(3) 语篇层面的最小语境

语篇是个比较含糊的概念，此处需要界定明确。

首先，语篇是大于句子的概念，是句子的组合。通常来说，句子包括单句和复句，但是从测试的角度来看，我们宁可把复句跟句群放在一起。一方面，小句已经是一个完整的"具有表述性和独立性的语法单位"了；另一方面，复句和句群(小句的组合)的关系实在是密切——"小句和小句互相联结，有时表现为复句，包括多重复句；有时表现为句群，包括多重句群。"(邢福义，1996:419)尽管单复句之间也存在"'剪不断理还乱'的纠结现象"(邢福义，1996:428)，但毕竟不如小句的组合来得那么纷乱复杂。复句，按照传统的分类，可以分为联合复句和偏正复句两大类。联合复句又分为并列、承接、递进、选择 4 类，偏正复句又下分因果、转折、条件、假设、让步、取舍、目的、时间、连锁 9 类，共 13 类。(潘月华，2001:865－878)这 13 类的复句不一定、也不太可能每次都机械地平均到每份量表中，因为句子的编写选择还要受目标语素的制约。但应该尽量把一些重点类别，例如因果、并列、转折关系的复句在量表中体现出来。

其次，语篇不能等同于篇章，这样的话，语篇就太大了，失去了最小语境的约束。关于语篇的高端，可以借鉴邢福义(1996:434)对句群的论述：

句群是由两个或几个句子组合而成的表述一层意思的语法单位。基本特点有三：第一，一个句群起码包含两个句子。所包含的句子，每一个都有作为句子的语气和语调，书面上句末用句号或者问号、感叹号。第二，在语流中一个句群表达一层意思，组成句群的句子之间有比较密切的联系。第三，一个句群所表述的一层意思，主要说明什么问题，有个中心意思。有时中心意思需要从整个句群归纳；许多时候，主要意思由某个句子直接表明，即句群中有一个意思是表意中心。

语法上的句群，跟文章中的段落不是一回事。有时句群和段落可能重合，即一个段落可能就是一个句群；但是，有时句群和段落并不重合，一个段落可能包含几个句群，一个段落也可能只有一个句子，不成为句群。

从语法结构上说，复句已经包含了所有的句法结构关系。从语义表达上说，一个句群表达“一层意思”，“有个中心意思”，再长的文章也不过是若干“中心意思”的累加而已。语言能力的测量不过是要完成以点带面的推断，这个推断的起点是语素这个最小的自然的意义单位，终点是句群这个最大的意义单位。

华语阅读测试就是要把语素这个更具有测量学意义的目标单位放进词汇、句子、复句、句群这些背景单位中，超出句群就失去了对背景单位的把握，就做了无用功。

语篇能力是阅读能力的完整体现。如果设计一些以语篇为最小语境的填空题，而同时又能避免超出语篇之上的随意片段，这无疑既弥补了词汇、句子背景层面测试的不足，又控制住了语料的浪费。例如下面的 HSK(初、中等)样题：

流言，无时无处不有，是社会一大公害。

流言，是没有根据的传言，或者说是人们相互传播而无任何根据的信息。

流言是一个没有良心的怪物，不知摧残多少人的心灵……

要不相信流言，需加强自身修养，提高判断能力。据一项调查：男性比女性更易相信流言，文化素质低的比文化素质高的更易相信流言，个人经历不多的人也容易听信流言。当然，这是就一般情况而言，而上述情况相反的也不少见。每个人应从自身的实际出发，不断提高自己的思想道德和文化素质，提高自己的辨别是非的能力，做一个不传播流言的人。

在这个阅读理解题目中，如果把最后一句话修改为："做一个不轻信这个怪物的人。"一个"信"字，即考了对通篇的理解。但这还不是最小语境，以"信"为目标，以最小语境为追求，可对原文做如下删改：

流言是一个怪物。据调查，文化素质低的人比文化素质高的人更易相信流言。所以我们要不断加强自身修养，提高自己辨别是非的能力，做一个不轻____这个怪物的人。

这就是一个最小的句群了。再例如：

好几次在电视节目中听见节目主持人问对方"你叫什么"，我很反感。如果对方是一个小孩，回答说"我叫毛毛"，或者"我是珍珍"，那倒也显得有些亲切。但对方是一位有名有姓的成年人，这种问法就显得太粗鲁。我国传统的词汇是很丰富的，传统的："请问尊姓大名？""台甫是？"如果白话一些："请问您的姓名？"这不是迂腐而是应有的文明礼貌。我们应把公安部门审问罪犯时的第一句话"你叫什么"和日常交往的语句区别开来。

基于这段话，HSK 试题设计了 4 个问题，其中 3 个是基于语篇的问题。这样，3 个问题共享 196 字的语料，平均 65 字一个问题。我们把这段话加以删改，设计了2个基于语篇的填空，如下：

好几次在电视节目中听见节目主持人问对方"你叫什么"。如果对方是一个小孩，倒也显得有些亲切。但____方是一位成年人，这种____法就显得太粗鲁。

这也是一个最小句群。在这一段话中，"对"和"问"都是基于语篇的，没有对上下文的理解，无法完成句子。而这两个问题需要的语境统共只有64字，平均每个问题只需32字。

2.3 原则三：填字为主

上文讨论涉及的填空都是填写单字，填字还是是填词，吴英成(1988)、谢世涯、苏启祯(1992、1993)、谢泽文(1994A. 1994b)、刘颂浩(1995)、周华(2005)等都有过深入的讨论。总的来看，学者们对填字的呼声高一些。在测试实践上，是否把单字作为卷面上的唯一单位呢？恐怕不宜这样绝对，这主要是出于增加试题难度、区别度的考虑——填词比填字的难度大，这也是许多学界中人的共同认识。

为了增加试题的难度和区别度，除了填字，华语阅读测试也可以考虑填写复合词。例如下面的一段HSK(初中等)样卷中的文本。

无论如何，名人总是名人，名人的形象名誉总是比平常百姓的值钱，因而也更需要保护。但是，既是名人，就不能拒绝社会公众舆论的监督，也没有拒绝公众舆论批评的权利。因为，名人的公众形象并不完全是属于他们自己的，他们是社会精神财富的一部分。至少，就像名人拥有捍卫自己名誉不受侵犯的权利一样，公众则拥有对这种权利品头论足的权利。这种权利也是应当予以尊重并加以特别保护的。

101. 本书特别强调了下列哪种权利？

A. 百姓名誉不受侵犯的权利

B. 公众评论批评名人的权利

C. 名人使用自己财富的权利

D. 名人保护自己名誉的权利

这段文本有两个关键词：名人、百姓（或公众）。101 题就是针对百姓（或公众）设计的问题。假如把“百”或“姓”或“公”或“众”留空，无疑是降低了试题的难度，而把“百姓”或“公众”留空，则可以达到跟原题一样或更高的难度。还可以把 101 改造成为一个简答题：

101. 根据本书，作者特别强调的是谁的权利？

答：____ ____（限 2 字）

这个题还不是完全客观，因为存在“公众”和“百姓”两个正确答案。这个缺陷来自于文本。如果把文本加以修正：

无论如何，名人总是名人，名人的形象名誉总是比一般人的值钱，因而也更需要保护。但是，既是名人，就不能拒绝社会公众舆论的监督，也没有拒绝公众舆论批评的权利。因为，名人的公众形象并不完全是属于他们自己的，他们是社会精神财富的一部分。至少，就像名人拥有捍卫自己名誉不受侵犯的权利一样，公众则拥有对这种权利品头论足的权利。这种权利也是应当予以尊重并加以特别保护的。

经过这样的修改，“公众”就是唯一的答案了。

但是，前文已经否定了词汇作为抽样单位的资质，如果允许以复合词为应答单位，就必须找到融合字（语素）词的办法。办法如下：

第一步：抽取汉字样本。

第二步：在样本范围内寻找可能存在的组合——由样品语素组成复合词作为刺激单位。

第三步：剩下的样品确定为语素型的字，作为刺激单位。

这样，既坚持了语素为抽样单位的原则，又在应答单位上有了变通，提高了试题难度和区分度。

三　本章小结

本章讨论了华语阅读测试的三个基本原则：读写结合、最小语境、填字为主。

读写结合的意思是阅读和写汉字结合起来，更主要的，这条原则意味着在华语阅读测试中将彻底放弃选择题。一方面，选择题有明显的理论缺陷；一方面，华语测试应该在汉字上体现出更多的要求。后者可以说是华语测试的某种特性所在。

读写结合原则在题型上的表现就是填空题。填空理论上也是选择，只不过不是从四个选项中选，而是从受测自己的知识库中选取。所以，填空实际上就是没有选择项的选择题，跟当前普遍采用的选择题没有本质区别，却有技术上的提升。这个提升包括两方面的结果：①彻底消除了猜测这个负面因素的影响。②因为汉字卡的采用，填空题这种通常认为的半客观题，将进一步提升为客观题：答案唯一，字形明确。这已经为机器识别、阅卷提供了充分的可能。

汉字卡的使用并不仅仅适合华语测试，对于面向西方人的汉语测试，如果顾及到书写汉字给考生的压力过大，可以将汉字的书写简化为认读，在初等测试中使用“有序号型汉字卡”（见附录 3），只需在答卷上填写跟目标汉字相对应的数字序号即可。

因此，以汉字卡为配套工具的填空题在理论上是选择题的换代题型。

尽管最小语境的原则是基于华语测试的讨论而提出的，但该原则无疑也适合所有第二语言测试，它应该是所有第二语言测试中的输入性能力测试都应该遵守的一条基本原则。进一步，尽管最小语境的原则是基于第二语言测试的讨论而提出的，它无疑也适合于第一语言输入性能力的测量。

最小语境不能绝对化，而是分层次的，不同层次的最小语境有着不同的价值。最小语境的原则跟不同的背景层面相结合，就产生了词汇层面、句子层面和语篇层面的最小语境，它们都不可或缺。

总之，最小语境原则可以定位为输入性语言能力测量的基本原则，是测试效率和科学性的保证，不接受最小语境的约束，测试中的浪费将不可避免。

填字和填词，应答难度不同。填字与以语素为抽样单位和以汉字为应答单位是完全一致的，而复合词是在语素样本内部组成的。这样就既坚持了语素抽样的原则，又协调了字和词，形成填字为主、填合成词为辅的卷面形式。

第七章 华语阅读测试的卷面结构

语言能力是内隐的，对它的推断要靠语言表现，但这需要建立在语言行为本身恰当的基础上。恰当的语言行为，非关语言之外的知识和技巧，也非关陈述性语言知识，而是必须建立在程序性语言知识的基础上。具体到阅读能力的测试，“恰当的语言行为”即为“恰当的阅读行为”。“恰当的阅读行为”是合理的卷面结构的基础，本章首先讨论“恰当的阅读行为”，然后讨论华语阅读测试的卷面结构。

一 恰当的阅读行为

测量结果—推断为语言表现—并进而推断为语言能力的逻辑过程并不十分严密。语言表现并不全是语言能力的表现，还有其他一些非语言能力的东西会干扰、掺杂进语言表现中来。剥离这些非语言能力的东西，是语言测试解释充分性和测量精确性的要求。以阅读理解测试为例，其操作程序如下图：

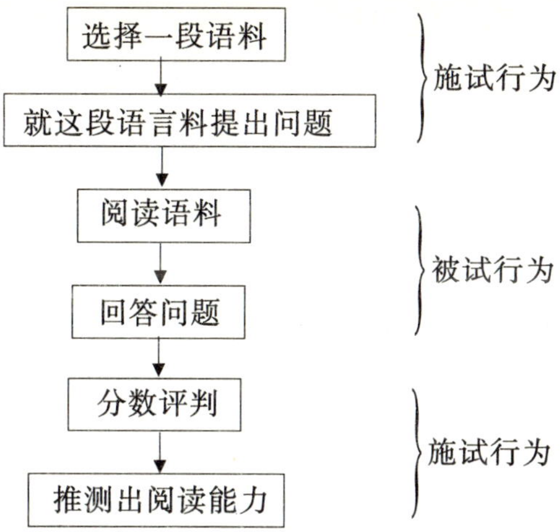

图 7—1　阅读理解测试的操作程序

这个模式很可能一开始就出了问题：如果一段语料涉及某方面的社会百科知识，这既不是语言能力的内容，也必然对被试无公平可言。例如下面的这段 HSK 阅读材料：

据世界卫生组织统计，每年有 1200 万人过早地被心血管、脑血管疾病夺去了生命，心血管脑血管疾病的死亡率为各种疾病死亡率之首，而中风则是心血管、脑血管疾病的元凶。如果用“养神 3 分钟”自我治疗预防中风，每年可使全世界少死 300 万人，一年也可使我国少死 60 万人。因为中风多发生在夜间，最危险时刻是醒来的“一刹那”。但有绝招可防这“一刹那”，即在苏醒时，养神 3 分钟，定可逢凶化吉。

患有高血压和心脏病的中老年人醒来的“一刹那”，如果闪电式地从卧位变坐位，突然下床活动的话，这是非常危险的。

因为，这时思维处于朦胧状态，血液粘稠，脑部急性缺氧缺血，容易跌倒，在中风和猝死的病例中，有 25%左右的人不能幸免于难，而大祸在这一刹那临头，真可谓祸从天降，使人措手不及。现代科学表明，中风是难以预报的，患有高血压和心脏病的人，应当切切牢记，当您苏醒时，头脑千万不要晃动，身体要保持原来的姿势，闭目养神 3 分钟后，再下床，这样脑部就不再缺氧缺血了，一切都与醒时正常人一样，用这种简单易行的自我保健疗法，可以防中风、猝死于未然。

【125】据统计，世界每年有多少人死于心血管、脑血管病？

A. 25%　B. 60 万人　C. 300 万人　D. 1200 万人

【126】本书主要谈的是什么病？

A. 中风　B. 高血压　C. 心脏病　D. 脑血管病

【127】中风最容易在什么时候发生？

A. 白天　B. 夜间　C. 睡眠中　D. 脑血管病

【128】下面哪条是高血压患者应特别注意的？

A. 不要着急　B. 不要太累

C. 睡醒后不要马上动　D. 保持足够的睡眠时间

【129】"闪电式"在本书的意思是：

A. 很快　B. 很亮　C. 很活泼　D. 很奇怪

【130】晚上醒来突然下床为什么容易跌倒？

A. 情绪紧张B. 没休息好　C. 没有灯光　D. 脑缺氧缺血

首先，如下几类受试可能较为熟悉这段材料所传递的信息：

① 医生。

② 有医学背景者。

③ 家中有老人者。

④ 家族有此类病患者。

⑤ 朋友圈有此类病患者。

⑥ 其他有中风或心脑血管知识者。

对于以上诸类受试，他可能凭着自己来自母语的知识储备或生活经历，而不是凭借良好的汉语水平，得到相当高的分数——语言表现。

接下来，基于这段材料的考题还因为下面的一些因素而影响真实的语言表现。

(1)【125】备选的 4 个数据（A. 25% B. 60 万人 C. 300 万人 D. 1200 万人）中，A 是无效的，因为回答形式不对。B、C 两个数据的前面都有"少死”,也可以轻易排出。只剩下D可以考虑。

(2)【126】“中风”是全文出现次数最多的一个关键词,不是它是谁呢?而且【127】紧接着又问到了中风,这无疑也是一个提示。

(3)【127】因为原文中有现成的句子:“中风多发生在夜间。”即使受试读不懂这篇文章,如果有猜测的技巧,蒙也蒙对了。

(4)【130】因为答案“脑缺氧缺血”跟问题中的关键词“容易跌倒”在文中紧密相连,也容易猜测。

(5)【128】【129】比较好,但仍有25%的猜测机会。

6个考题中4个的有效性可疑,剩下的2个还有至少25%的猜测机会。基于这样的测试,考生的语言表现中有多少可以推断为货真价实的语言能力呢?

这种情况并不是恰好存在于本例,而是这种测试模式的通病:

① 成段的完整语料——难以免除考生在陈述性知识或生活经验上的不公平。

② 基于文本提问——无法免除文本与选项之间凭答题技巧可以找到的种种暗示。

③ 为了最大限度地剥离非语言能力对语言表现的干扰,使测试结果更趋近于单纯的、本质的语言能力,必须使阅读理解建立在一个稳定的根基上,这个根基就是程序性语言知识。

语言知识可以分为两类:程序性语言知识,例如词汇知识(词汇量)、语法知识(造出合法的句子)、文字知识(书写正确的文字);陈述性语言知识,例如关于词汇、语法、文字的知识。

母语文考试中常会把陈述性语言知识作为测试的内容。幸运的是从结构主义的技能/成分测试观,到社会语言学的交际能力测试观,再到当前汉语作为第二语言的测试实践,里面基本都没有陈述性语言知识的位置;不幸的是,程序性语言知识并没有受到足够的重视。Lado(1961)认为,在语言场景和语言要素的比较中应该选择语言要素,因为场景是无限多样,而要素则是有限的，因而也是高效的。

遗憾的是测试后来的发展并没有充分体现这个认识，“场景”的膨胀成为一个令人忧虑的现象。在当前阅读理解的测试模式下，要素（程序性语言知识）往往被排挤到测试所必需的“语言载体”这个底层，各种各样的知识乃至技巧都乘虚而入。但另外有一些题型，例如语法题、词汇题、综合填空题就不同了，在这些题目中，程序性语言知识不单是作为测试的载体，同时也是测点，语言行为和程序性语言知识建立了紧密的联系。

在阅读理解测试上，读写结合、最小语境、填字为主的原则（参见第六章）都是为了使“程序性语言知识→语言表现→语言能力”的链条更加牢固，原则的东西必须落实到具体的操作上，这就要求程序性知识在阅读理解测试的分测试上都要体现出来。

二　华语阅读的三个分测试

前文的讨论明确了词汇、句子、语篇是语素样本背景的三个层次，这几个分别侧重词汇的掌握、句子和语篇的理解。词汇是基础、句子是桥梁、语篇是归宿——这不正是阅读能力吗？所以，词语、句子、语篇为背景的阅读也正是阅读测试的几个分测试。

在词汇、句子、语篇这三个层次中，处于中心地位的是句子，确切地说是“小句”或“单句”。说它处于中心地位，因为它“是最小的具有表述性和独立性的语法单位”（邢福义，1996：13）。句子下连词汇，上通语篇，能够读懂句子，没有理由不懂句子中的词汇，能够读懂句子而读不懂语篇也几乎不可想象。所以有理由认为句子是阅读测试的核心。

但句子毕竟不是词汇，也不是语篇，以句子背景的测试，能对词汇、语篇的能力有一定的甚至是很强的推断，但毕竟不能替代词汇背景、语篇背景的测试。例如被试可以通过句法、上下文来推断词汇，但句子背景提供的信息总是比较慷慨的，如果部分地扣除这些信息，把目标词汇的环境减到最小，被试还能不能应答呢？这只有通过以词汇为背景的测试才能知道。同样，对句子的理解也不就必然等于对语篇的理解，句与句之间的语法语义关联是超句子的，在句子的范围内测不到。所以，有了句子背景这个“中军”，还需要词汇背景和语篇背景两翼的辅助。

根据上面的讨论，我们初步把华语阅读测试的分测试及其结构比例做如下的设计：

表 7—1　华语阅读测试的分测试及其结构设计

分测试	比例			
	基础级(%)	提高级(%)	熟练级(%)	母语级(%)
词汇背景	40	30	25	20
句子背景	40	40	40	40
语篇背景	20	30	35	40
合计	100	100	100	100

这个设计体现了：

(1) 从初级到高级，各部分的比例是动态的。

(2) 初级阶段适度向词汇背景倾斜，高级阶段适度向语篇背景倾斜。

(3) 整体上体现了句子的核心位置。

实际的抽样结果可能不会刚好满足这个比例，这倒是一个问题，容待下文讨论。

三　形式和意义——分测试的经纬

不管是哪个背景的分测试，都应把汉字(语素)放进由形式和意义编织成的网络中。背景不同，形式和意义的具体表现也有所不同，下面分别讨论。

3.1 语义结构和音节结构——词汇背景分测试的经纬

复合词的组成成分之间的结构关系和句法结构关系基本一致。抓住了语素间的结构关系,也就是抓住了语义关系。朱德熙(1982:32)把词语的语法结构分为联合、偏正、主谓、述宾、述补等五类,另外还有重叠、附加、前缀、后缀四类。词汇层面的背景构成应当包含这些基本的语义语法关系,尽可能做到覆盖全面、重点突出,体现联合、偏正为主的基本面貌。这就是词汇背景分测试的经线——语义语法线索。

形式线索是词汇背景分测试的纬线。形式线索是:双音节词(同素、同义、反义)、三音节、四音节(成语、惯用语)等。不同于语义结构的组合关系,形式线索体现的是词汇的聚合关系。

另外,就双音节合成词(这是词汇的主体构成)来说,测点语素参与构词的前后位置也需要平衡。

总之,语义语法关系和结构形式是词汇背景分测试的经纬线,词语分测试的目标语素即撒在由它们织成的网络中。

3.2 功能类和结构类——句子背景分测试的经纬

句子的功能类包括:陈述句、疑问句、祈使句、感叹句四大类。结构类包括主谓句属下的动词谓语句、形容词谓语句、主谓谓语句、名词谓语句四大类,以及非主谓句的一些情况。这两个角度都需要考虑,这些重要的句类以及一些重要的特殊句式也都需要在量表中有所体现。句子分测试的目标语素就是要撒进这张由功能和结构编织成的网络中去。

3.3 内容和语体——语篇背景分测试的经纬

内容考虑的是题材——日常生活、百科知识(内容)。

语体考虑的是体裁——语言风格(形式)。

语篇分测试的目标语素要撒进由内容和语体这两条经纬线编织成的

网络中去。

四 语素样品的分类与各分测试的搭配

首先，在语素样品范围内寻找能够组成复合词的搭配，将它们指配给语篇背景的分测试。剩下的语素分三类：

第一类：只能独立成词，只能造句，不能构词。（主要是虚语素和特殊成分语素）

第二类：既可独立成词，直接参与造句，也可以先跟其他语素组合成词，然后再参与造句。（主要是实语素）

第三类："货真价实"的语素，只能先构词后构句。（也主要是实语素）

第一类是进入句子背景分测试的首选类别。第三类则是进入词汇背景分测试的首选类别。第二类是骑墙派，可用来平衡句子背景和词汇背景分测试的题量。另外如果语篇背景的题量不够（找不到足够的语素组合），可以从第二类语素中调拨一些过来。

通过词汇、句子或者语篇背景都可以实现对语素的测量，但不同的背景体现出的测量目标是不同的。例如目标语素"白"的三个背景：

词汇背景例：____天黑夜

句子背景例：他的牙齿又____又整齐。

语篇背景例：他本来就黑，再穿这么一身____衣服，一颗黑头简直像个煤球。

五 本章小结

阅读能力的推断来自恰当的阅读行为，而恰当的阅读行为必须以程序性语言知识为基础。程序性语言知识即语言运用所必需的知识。不必懂发音知识，但是会发音；不必懂词汇知识，但懂词汇，懂字词的形音义；不必懂语法知识,但可以通过语法实现对语义的推断。这就是程序性语言知识。

从程序性语言知识到语言表现再到语言能力的推断,其关键是程序性语言知识这个基础是否宽广而稳固,是否反映了语言运用的各个层面,是否与测试的分测试紧密结合,是否具有抽样代表性。

词汇、句子、语篇是语素样本的三个背景,顺理成章,它们也是阅读理解测试的三个分测试。华语阅读测试把程序性语言知识对语言能力的推断与这三个分测试紧密结合起来。在这三个分测试中,语素以填空的题型与它们的背景融合在一起。研究表明,填空测量的是被试的综合语言能力(周华,2005),但不同的背景,探测到的语言能力也有所不同。词汇背景倾向于比较单纯的词汇能力的探测,而语篇背景则探测相当综合的语言能力,句子层面居中。这三个分测试又都以语素为测点、为核心,实现了程序性知识和语言能力的全面结合。

本章还对"背景"的经纬——形式和意义做了初步讨论,浅尝辄止,还有待深入。本章最后讨论了样品语素跟分测试的配合问题。由样品语素组成的双音节词放进语篇背景的分测试中,独立自由运用的单音节词以及结构词放进句子为背景的分测试中,其余语素原则上放进词汇背景分测试中。必要的情况下可灵活配置,以平衡分测试的题量。

到本章为止,讨论了华语阅读测试的抽样单位、应答单位、背景单位、抽样方法、测试的基本原则、试卷结构等一系列基础理论问题及技术问题,接下来可以尝试设计一份完整的华语阅读测试的量表了。

第八章　华语阅读测试的题型和样卷设计

首先需要整理一下第五章抽取的语素样本。

在抽中的 142 个汉字(145 个语素)样品中,因为语法意义不同而被分列为不同语素的同一汉字有 3 个被抽中,它们是:底(名、副)、根(名、量)、下(名、动)。这几个语素要特别标注出来,以免配语境的时候出现错误。另外,在时间名素范围内同时抽中了“春夏秋冬”这个时间序列中的“夏”、“冬”,这样意义也不大,下文把“夏”换成“昨”。整理之后,样本如下:

安把白般奔笔变表宾布操拆长常彻础待弹档岛盗的底^{1}底^{2}第冬都督读对纺非分份服概根^{1}根^{2}跟公故关滚国海汉滑化还会货吉继间剑渐叫姐景静巨聚口款扩篮朗累练料临留龙略麦慢免秒谋脑你努欧赔平球缺容如三森摄生圣识实驶视试释税私死塔逃跳厅途托完万望下^{1}下^{2}昨嫌线像些姓幸巡讯医异音邮油友玉育约越则炸障赵这整郑值指质属作

下面的工作即围绕着这 145 个语素进行:分配分测试、编写最小语境、组卷。

一　样品语素的分类及其与三个分测试的适配

根据前面讨论的方法,首先要从这些语素中寻找可能的组合,让它们以复合词的面貌出现在语篇背景分测试中。下面是可能的组合:

A 组:安静、变化、表姐、常识、彻底^{2}、公款、篮球、生育、幸免、炸弹、国货、布景、操练、平整、实质、底^{1} 下^{1}

B组:故友、逃奔、视线、实弹、汉白玉、海岛、私货、国会、国税、布料、私下

B组的词或者过于书面,例如:故友、逃奔、视线;或者太偏僻,例如:实弹、汉白玉、海岛;或者跟A组的词重复使用了语素,所以保留A组的这些跟汉字频率等级大体相当的词汇进入语境编写程序。这些词共计16个,涉及31个汉字(32个语素)。

接下来从剩下的112个汉字(113语素)中找出语素中的自由、不定位、单说单用的语素——即单音节词,它们将被指派到句子背景分测试中。需要说明的是,挑选单音节词其实是相当费踌躇的事。常用字、特别是高频常用字有相当一部分是既能单用,有词的资质,同时也经常作为语素构成合成词。下面以主要用法为依据,把经常单用的语素挑出来,指派到句子背景分测试中。共选择出50个汉字(51个语素):

白笔拆长岛的冬都对读分份根[1]根[2]跟滚海滑还会间叫口累临龙慢秒你赔三死塔逃跳厅托完万下[2]线像些姓油越则赵这郑值

剩下的62个汉字(62个语素)分派到词汇背景的分测试中:

把般奔宾础待档盗第督纺服概故关汉吉继剑渐巨聚扩朗料留略麦谋脑努欧缺容如森摄圣驶视试释税私途望昨嫌巡讯医异音邮友玉约障属作非指

为清楚起见,列表如下:

表8—1 145个目标语素与分测试的匹配

分测试	目标语素	语素数量	比例(%)	
			预定	实际
词汇背景	把般奔宾础待档盗第督纺服概故关汉吉继剑渐巨聚扩朗料留略麦谋脑努欧缺容如森摄圣驶视试释税私途望昨嫌巡讯医异音邮友玉约障属作非指	62	40	42.76

句子背景	白笔拆长岛的冬都对读分份根[1] 根[2] 跟滚海滑还会间叫口累临龙慢秒你赔三死塔逃跳厅托完万下[2] 线像些姓油越则赵这郑值	51	40	35.17
语篇背景	安静、变化、表姐、常识、彻底[2]、公款、篮球、生育、幸免、炸弹、国货、布景、操练、平整、实质、底[1] 下[1]	32	20	22

上表的比例显示，实际控制的各分测试中的目标语素的比例跟我们预设的情况有少许出入，差别不大。

下面按这个分类为目标语素配上语境，使它们能够成为语境中的焦点——测点。

二 按分测试给目标语素匹配语境

2.1 词汇背景分测试的语境

按照最小语境的原则，给每一个语素都配上一个语境。根据每个语素自身的特点，这个语境可能是一个常用成语，也可能是一个惯用语、一组同义词、反义词、同素词，甚或是一组相关语素，偶尔还需借助拼音。

如下：

把：把握、把持

般：一般≈平常≈中等

奔：东奔西走

宾：嘉宾、宾客

础：基础(chu)[①]

待：待人接物

档：高档≈高级≈高等

盗：偷盗、强盗

第：门第、第一

督：总督、监督、督察

纺：棉纺、毛纺、纺织

非：并非、非常

服：佩服、服气

概：概不外借

故：事故、故事

关：海关、关门

汉：男子汉、汉字

吉：大吉大利

继：继续、继承

剑：宝剑、击剑

渐：逐渐、渐渐、渐渐地

巨：艰巨、巨大

聚：离合、生死、聚散

扩：扩展、扩大、扩充

朗：晴朗、爽朗

料：不出所料

留：留学、留步、留念

略：简略、略微

---

① 使用拼音是因为它没有同素、同类词，而使用拼音(即使是不带声调的拼音)就能足够明确语境。在实际组卷时，“础”字将隐去，而只保留拼音，被试需要把“础”恢复出来。基础阶段这种题型的设计，主要是为了辐射到汉语拼音方案。因为阅读事实上可能并不仅以汉字为媒介，阅读拼音应该说也是阅读能力的组成部分。下同。

麦：小麦、燕麦、麦片

谋：图谋不轨

脑：头脑、首脑、电脑

努：努(nu)力

欧：亚欧非美澳

缺：缺斤少两

容：宽容、容易

如：假如、如果

森：森(sen)林

摄：拍摄、摄影

圣：神圣、圣明、圣人

驶：驾驶证

视：电视、视听

试：考试、尝试

释：解释、注释

税：交税、税收

私：公私分明

途：老马识途

望：望子成龙

嫌：犯罪嫌疑人

巡：巡游、巡视、巡警

讯：通讯(xun)

医：寻医问药

异：异乎寻常

音：音容笑貌

邮：邮件、邮包、邮递

友：朋友、友人

玉：金玉良言

约：签约、约定、约会

障：保障、障碍

指：手指、指挥

属：家属、亲属、从属

昨：前昨今明后

作：著作、作业

上面的语境包括如下几类情况：

（1）绝对最小语境

绝对最小语境只需一个词就够了。例如“基础”、“努力”等。这些复合词没有同语素的平行形式，只要把其中的一个音节用拼音（不必加声调）表示出来就能够达到区别意义的作用。

（2）复合词组合语境

一般情况下，有两个双音节词就可以构成最小语境，这是构成词汇背景的主要手段，包括同前位、同后位、前后位顶针三个基本手段。偶尔两个词不够用，但也只要增加一个双音节词就足够了。例如：

把：把握、把持

盗：偷盗、强盗

宾：嘉宾、宾客

属：家属、亲属、从属

（3）短语语境

短语包括成语、惯用语、日常用语等，这也是构成词汇语境的主要手段之一。例如：

奔：东奔西走

缺：缺斤少两

嫌：犯罪嫌疑人

（4）辅助手段语境

还可以利用其他一些手段来创造最小词汇语境，例如同义、反义、同类聚合等。受语素义、词义的影响，这类情况不会很多，所以说是辅助手段。例如：

般：一般≈平常≈中等

聚：离合、生死、聚散

欧：亚欧非美澳

下面对本部分 62 个语素的语境构成情况做一些统计分析：

表 8—2　词汇背景分测试 62 个目标语素的语境构成 I

类　别	亚　类	举　例	数量	比例（%）
绝对最小语境	无	努力	3	4.84
复合词组合语境	同前素	把：把握、把持	5	59.68
	同后素	试：考试、尝试	11	
	顶针	宾：嘉宾、宾客	21	
短语语境	成语	奔：东奔西走	17	27.42
	其他	嫌：犯罪嫌疑人		
辅助语境	同义	般：一般＝平常＝中等	5	8.06
	反义	聚：离合、生死、聚散		
	同类	昨：前昨今明后		
	其它	础：基础（chu）		

从上面的统计可以看出，利用复合词组合语境的占将近 60%，利用短语语境的占将近 30%，这正符合了汉语由语素到词的组合扩展方式——少量的语素、大量的组合。而同义、反义等相关聚合造成的语境，对从多方面测查被试的词汇能力无疑也是有好处的。

再来看看这些语境反映的语义语法结构。双音节词，只可能有一层结构，而多音节词则可能有多层结构，例如："缺斤少两"第一层结构是并列，三：俗话说：事不过三。

死：这个科学家被活活烧死了。

塔：塔是一种五到十三层不等的佛教建筑物。

逃：他们幸好逃出来得还算及时。

跳：他从桥上跳到了江里救人。

厅：这套房子三室一厅。

托：托您的福！

完：他25岁就读完了从小学到博士的全部学业。

万：万是千的十倍。

下^2：山上跑下来一只老虎。

线：老师在黑板上画了一条S形的线。

像：没见过像他这样的人。

些：名单上这些人我都认识。

姓：请问先生贵姓？

油：炒菜多放点油才香。

越：现如今大学生越来越多。

则：这则广告很有意思。

赵：百家姓的第一个姓是：赵(zhao)。

这："这"跟"那"的意思相反。

郑：我姓郑，关耳郑。

值：这套房子根本不值这么多钱。

下面分析一下这51个句子背景的结构、功能指标。

按照一般语法书对句子的结构分类，可以把这些句子分为主谓句和非主谓句。主谓句再分为动词谓语句、形容词谓语句、名词谓语句、主谓谓语句。在动词谓语句中进一步寻找特殊句式，"是"字句、"把"字句、"被"字句、"有"字句、连动句、兼语句、存现句等。数据如下：

表 8—4　背景句子的结构统计

<table>
<tr><td colspan="3">句　式</td><td>目标语素</td><td>数量</td><td colspan="2">比例(%)</td></tr>
<tr><td colspan="3">非主谓句</td><td>滚、滑、慢、托、像、姓</td><td>6</td><td colspan="2">11.76</td></tr>
<tr><td rowspan="10">主谓句</td><td rowspan="8">动词谓语句</td><td>“是”字句</td><td>冬、读、分、口、龙、塔、万、赵</td><td>8</td><td rowspan="8">7</td><td rowspan="8">72.55</td></tr>
<tr><td>“把”字句</td><td>拆、累</td><td>2</td></tr>
<tr><td>“被”字句</td><td>死</td><td>1</td></tr>
<tr><td>“有”字句</td><td>岛、则</td><td>2</td></tr>
<tr><td>连动句</td><td>赔、跳</td><td>2</td></tr>
<tr><td>兼语句</td><td>叫</td><td>1</td></tr>
<tr><td>存现句</td><td>份、下[2]</td><td>2</td></tr>
<tr><td>其他</td><td>笔、的、都、对、根[1]、跟、还、会、临、秒、你、三、逃、完、线、些、郑、值、油</td><td>19</td></tr>
<tr><td colspan="2">形容词谓语句</td><td>白、长、根、海、越、这</td><td colspan="2">6</td><td>11.76</td></tr>
<tr><td colspan="2">名词谓语句</td><td>间、厅</td><td colspan="2">2</td><td>3.92</td></tr>
</table>

从上面的分析可以看出，这些句子几乎涵盖了所有主要的结构类，同时也做到了重点突出。例如，主谓句数量远远多于非主谓句，主谓句当中动词谓语句为主，其次是形容词谓语句，名词谓语句最少。

功能分类有陈述、疑问、祈使、感叹四类，但陈述句是占绝大部分用例的一个大类。具体数据如下：

表 8—5　背景句子的功能统计

句　类	目标语素	数量	比例(%)
陈述句	白、笔、拆、长、岛、的、冬、都、读、对、分、份、根[1]、根、跟、滚、海、会、间、口、累、临、龙、秒、赔、三、死、塔、逃、跳、厅、完、万、下[2]、线、像、些、油、越、则、赵、这、郑、值	44	86.27
疑问句	还、姓	2	3.92
祈使句	你、慢、滑、叫	4	7.84
感叹句	托	1	1.96

上面的分析表明，以 51 个语素（词）为测点的这 51 个句子，对现代汉语的句法结构类型和功能类型都有较好的代表性。而要想填下来这 51 个字，首先需要读懂这 51 个句子。

2.3 语篇背景分测试的语境

下面为语篇部分的 32 个语素（31 个字，16 个双音节词）配上语境。这 16 个词应该大体分成两组，平均分布在复句和句群这两大背景中。但从操作程序上，并不宜提前分组，而是应该根据配置语境的实际情况加以调整。

安静：开会了！开会了！请大家安静！有什么话等会儿再说，好不好？

变化：如果天气有异常变化，航班将被取消。

表姐：她是我的表姐，我大姨妈的二女儿，比我大三岁。

布景：A：这张照片哪儿照的？上海吗？

B：不是，后面的背景不是真的，是布景。

操练：经过一个多月的操练，士兵们各方面的能力都大大提高了。

常识：你真的连这个都不知道吗？这可是常识啊！

彻底：这种改革并不完全、并不彻底，至少流通和分配的问题还没有得到较好的解决。

底下：我说你是怎么搞的，连眼皮子底下这点事都办不了？

公款：从今年 3 月始，××省××县开展了治理公款吃喝专项行动。公款消费少时，该县各大酒店门前冷落、生意稀少，而一旦可以花公家的钱吃喝时则生意兴隆、皆大欢喜。但健康的餐饮市场或其他别的市场，绝不能依赖腐败消费，更不是为腐败服务的市场。

国货：因为购买国货等于是支持了自己国家的民族工业，所以，一般认为买国货就等于是爱国。但问题并不这么简单，一方面，消费者当然有权利自由购买物美价廉的商品，一方面，如果国货不管好坏都会得到认同，民族工业也就失去了发展的动力。

篮球：你儿子都长这么高了！快赶上姚明了，打篮球还真合适。

平整：我打算在这块地上种些东西，可是孩子们你们看，这块地现在太不平了，我们要先把它平整一下。

生育：近年来，中国人口在全球中的比重一直在下降，因为其他地区的人口增长速度越来越超过中国，中国每年增加的人口数在直线下降。从 1988 年年增 1700 万人降到 2005 年年增 700 万人，平均每年减少差不多 60 万人。这样推算到 2016 年中国的人口年增为零。再往后，人口增长变成负数，人口总数一年比一年减少。因此中国人口的峰值应该发生在 2016 年。从 1988 到 2005 的 17 年看，该书的曲线和事实拟合得相当精确，拿来推测未来 11 年的增长是相当可信的。该书得到的结论是调整人口政策，取消对生育的控制。

实质：这两件事看起来好像不一样，可并没有什么实质上的不同。

幸免：1976 年中国河北唐山地震，一时间，死亡和不幸成了唐山的代名词。据统计，在这场灾难中共有 24 万人死亡。但唐山人民是打不倒的，转眼三十年过去了，幸免于 1976 的唐山人给中国、给世界带来了一个新唐山，一个漂亮的唐山、一个英雄的唐山。1976 的唐山人，不仅是幸免的，也是幸运的、幸福的。

炸弹："反恐"是当今世界的一个关键词，尽管多年来恐怖分子造成的伤亡可能还比不上一场哪怕小规模的战争。"恐怖分子"所以恐怖，是因为你不知道他在哪里？什么时候来？以什么方式出现？当人们正在走路的时候、正在乘车的时候、正在饭馆吃饭的时候、正在学校上课的时候……突然就会有强烈的爆炸，就会有几人、几十人、几百人的伤亡。汽车炸弹、人肉炸弹几乎成了恐怖分子的代名词。如果联想到 9.11，我们也许还应该增加一个词汇：飞机炸弹。

经过反复调整，把 32 个语素的语篇环境配置成上面的面貌。下表是这些语境中主要的几种有价值的分析信息：

表 8—6　语篇背景的分类

信息类别	目标词	数　量	比例(%)
复句/句群	安静、变化、表姐、常识、彻底、底下、篮球、平整、实质/布景、操练、公款、国货、生育、幸免、炸弹	9/7	56/44
口语/书面	安静、变化、表姐、布景、常识、底下、篮球、平整/操练、彻底、公款、国货、生育、实质、幸免、炸弹	8/8	50/50
日常生活/其他	安静、变化、表姐、布景、底下、篮球、平整、常识/操练、彻底、公款、国货、生育、实质、幸免、炸弹	8/8	50/50

从上表反映的情况看，语篇背景的配置基本上是可以接受的。

在此基础上，可以合成一份基础华语阅读测试的试卷了。(见附录 1)

三　本章小结

本章以 145 个语素样本为测点，编写了一份具有语义、语法、语用等广泛代表性的测试量表。这个工作的第一步是把这 145 个语素样本分成三类：样本范围内组成合成词、单说单用自由不定位的单音节词、语素，然后给它们配置词汇、句子、语篇层面的背景。

题型在本章没有专门论述，因为在我们的设计中，题型只有一个——填空(相关论述见 5.2)。在给目标语素留下的空白配置背景的时候，一些细节因素需要考虑。这些细节包括词汇的音节形式、语义语法结构、句子的语法结构类、句子的功能类、复句与句群的搭配、语体的搭配、题材的搭配等。这些细节可以概括为形式和意义的网络，145 个语素最终就落在这样一个网络中，一份基础华语阅读试卷初步成形。这份试卷跟以往阅读测试的主要不同在于以下三点：

（1）它以严格的抽样为基础。

（2）它遵循了最小语境的原则。

（3）它充分地实现了“读”、“写”的结合。“读”是主要活动，但在华语阅读测试中，“写”也是必不可少的。从学习的角度，“写字”会给汉语学习良好的反馈。

所以，从上面第三点来看，华语阅读测试称为“华语读写测试”，也许更恰当些。

本章的“背景分析”，结果跟预期相当一致，这并不是巧合，而是依据理论、明确目标，并反复调整的结果。

另外需要补充说明的是，背景用字也都接受严格的等级监督，控制在抽取语素所用的1500字范围之内。

第九章 总 结

一 主要结论和创新

陈宏(1996)谈到过这样的情况:“经常会遇到一些汉语教师问到这样的问题:获取 HSK 各级证书的考生,其汉语能力分别相当于哪一级水平的以汉语为母语者?”并认为这个问题是 HSK 回答不了的。在 HSK 到底属于标准参照测试还是常模参照测试的问题上,即便是 HSK 的开发者们也有两种截然不同的认识:一种观点认为 HSK 是标准参照为主、常模参照为辅的测试,如谢小庆(1995)、刘镰力(1999)、刘英林、郭树军、王志芳(1988)等;另一种则认为 HSK 是常模参照测试,例如陈宏(1997)、张凯(2002)等。

一种汉语水平测试,但凡它是标准参照的,就不能回避跟母语者的比较,而如果它是常模参照的,则无从比较。常模只能做内部的比较,而标准则首先是外部的比较,否则标准无所从来。可以预见,华语测试必然会更多地被关注到跟母语者的比较问题。而这样的问题,也是华语测试所必须回答的。

华语测试建立在对“单位”明确把握的理论基础上,因此有可能建立起标准参照性质的测试(起码是以标准参照为主要特色),也能够回答“汉语能力分别相当于哪一级水平的以汉语为母语者”这一极为自然又颇具有挑战性的问题。在本书设计的华语阅读测试中,华语水平与汉语母语者的水平具有如下的对应——但需要明确的是,起码在现阶段,这种对应是宽松的,即不能对华语者的语言能力提出与汉语母语者完全一样的苛求:

表 9—1 华语阅读测试与汉语母语者的汉语水平对应

华 语	汉 语
基础级(1500 字)	小学低年级(2000 字)
提高级(2000 字)	小学高年级(2500 字)
熟练级(2500 字)	初中(3000 字)
母语级(3000 字)	高中(3500 字)

“单位”在测量上是极其重要的一个要素，本书基于语言测试的特点和需要，拓展了过去语言测量中“单位”的外延，建立了一个单位家族。在华语阅读测试中，为测试的单位家族跟语言学的单位家族的关系可以总结为下表：

表 9—2 华语阅读测试中测试单位与语言单位的对应

测试单位	语言单位
抽样单位	语素
应答单位	汉字
背景单位	词、短语、句子、复句、句群

在此基础上，本书建立了一个严格的语素抽样程序和语境配置程序，以此来确保华语阅读测试的品质。

在确立了语素跟阅读测试相适应之后，本书讨论了阅读测试的三个基本原则：读写结合、最小语境和填字为主。读写结合也意味着华语阅读测试从理论和实践两方面放弃了选择题，而填空题将会成为主要的甚至是唯一的题型。配合填空题客观化的需要，本书提出了“汉字卡”的概念——一种供考生核对字形、而不是用来选择汉字的卡片。

最小语境的原则是为提高测试效率和精度的需要而提出的，同时，最小语境也有助于将测试中程序性语言知识之外的、有可能影响到语言表现的因素降到最低。填字为主、填词为辅则是为了补救填一字空带来的不足，以使测试更具有区别度。至于试卷结构则承接“背景单位”的讨论，将词汇、句子、句群确定为华语阅读测试的三个分测试。其中,句子背景上连下带,处于中心位置。

本书对汉字的强调则是基于华语测试需要的。教育心理测量不是物理测量,语言测试必须追求它的社会价值。效度理论的发展为本书的追求提供了理论保证,一个完整的效度概念“必须具有这样一种认识:由分数所做推断的恰当性、有意义性和有用性应当以测验的社会影响为基础赖以建立”(常晓宇,2005)。华语测试重视汉字,这也是对海外华人和华人社会特点的回应。

另外,本书讨论到的许多问题,例如单位、读写结合、最小语境等,并不仅仅适合华语测试,而对汉语测试甚至语言测试都具有一定的普遍价值。

基于建立华语测试的需要,本书还讨论了一个相当基础,也相当宏观的问题:华语测试在“大华语”考试系列中的位置,只有全盘考虑,左顾右盼,才能准确定位。图 2—1 重复于下:

- 大华语考试系列
  - 对内
    - 对汉语母语者
    - 对非汉语母语者
  - 对外
    - 对华裔
    - 对非华裔
      - 汉字文化圈
      - 非汉字文化圈

华语测试即属于面向海外华裔的一种以汉语为准第一语言的水平测试。这个“华裔”不包括汉语母语者(例如新移民),也不包括完全以汉语为第二语言者,但却必定包括了一部分甚至是大部分华裔。

华语阅读测试的身份、定位和价值也由此明确。

二　问题讨论

我们不可能开发一种适合所有人的语言测试,也不可能给每一个人(哪怕每一群人)开发一个语言测试,从所有人到每个人,这是两个极端。一种测试要不要开发,应不应存在,就要看能不能在这两个极端中间找到自己的立脚点。这个立脚点取决于受试人群够不够大、有没有内部同质性外部异质性、有没有良好的测试后效(或说社会价值)。基于这些考虑,华语测试呼之欲出。

一定程度上说,从汉语作为母语的考试到不细分对象的汉语作为第二语言的考试(HSK),从 HSK 到 MHK,再到华语测试,乃至以后还可能出现的其他汉语作为第二语言的考试,都可以说是历史的必然,是随着汉语教学的繁荣、发展而带来的必然结果。

语言有共性,例如都有语音、词汇、语法。但语言也有个性的一面,汉语相对于印欧语至少有如下的特点:

1. 词法、句法的一致性,从语素到词、到词组、到句子、到句群组合关系具有递归性。

2. 汉语是语素语义型语言,语法是柔性的,是跟逻辑、语义揉和在一起的。

3. 语素具有理论和实践上的封闭性,词则具有理论上的封闭性和实践上的不封闭性,词组及以上的语义语法单位则是完全的不封闭,是言语层面而不是语言层面的东西。

4. 语素和汉字在很大程度上具有一致性,“字”对于汉语和汉语测试有着重要的意义和价值。

语言能力的测试离不开语言,任何一种语言能力测试都必须建立在对该种语言特点的深刻认识上。本书在讨论华语测试时对语素和汉字的重视、把语素设计为抽样单位、把汉字设计为应答单位、把词及其以上的语义单位设计为背景单位,都是基于对汉语(华语)特点的考虑。不单独设计语法、词汇的分测试,而是考虑不同性质的语素在抽样概率上做出调整、考虑语素托身的背景的不同层次、考虑背景构成的经纬线(形式和意义)也都是由此而来。

华语作为一个和汉语相仿但略有不同的概念,至少还有下面的特点:

（1）语音、词汇、语法方面都有少许不同。

（2）语音、词汇、语法都有进一步简化的倾向。

（3）汉字字种实际用量也有较为明显的减少。

华语测试面向海外华人，以汉语的基本特点为基础，并进一步考虑华语的变异，这就是华语测试了。考虑华语的变异，就要在汉语测试的基础上进一步考虑测试的重点、评分标准等一系列问题。这些都是更加具体的问题，也是更具有官方意味的问题，本书没有做深入的讨论。但在具体实施测试的时候，这些问题都必须得到解决。

总之，测试对象和测试内容这两个因素是开发一个测试的起点，具体到华语测试，就是华人特点、华语特点。本书对华语测试所做的讨论都是紧扣这两个特点的。精力所限，本书对华语测试的讨论集中在阅读理解的测试上，可以肯定的是，紧扣华人、华语这两个特点，一样适用于华语听力、说话、写作的测试。例如听力跟阅读同属于输入性语言能力，听力测试是否也可以考虑单位家族的理念呢？有些华人（例如文盲、半文盲）的华语能力不同于一般外国人学习来的汉语能力，对华语测试而言，听力和说话的测试仍然和读、写搅在一起是否值得推敲呢？本书设计的华语阅读已经强有力地辐射到了写字，那么华语写作的测试是否可以进一步加强呢？

另外，测试和教学密切相关，同当前把海外华人等同于一般意义上的外国人而实施同一测试一样，当前的对外汉语教学也一样对二者不加区别。华语测试必然地给我们带来了一个思考：如何在汉语母语教学和汉语第二语言教学之间走出一条真正意义上的华语教学之路。本书的测试理念也许对组织华语教学有一定的价值，但如何具体实施，显然还有很多问题需要讨论。

三　不足之处

精力及能力所限，本书留下一些遗憾，主要的不足之处表现为以下几点：

1. 本书的研究偏重于理论层面的探讨，尽管我们尽量把探讨谨慎建立在材料和数据上，但主要还是理论构建，实践检验和实证分析有待跟上，我们将在条件许可的时候进行这方面的研究。

2. 本书只是对阅读测试的相关问题进行了讨论，尽管相对于听力、说话、写作的测试，阅读测试是重头戏，但它毕竟只是测试的一个组成部分，华语测试基础理论的研究任务还很重，本书不过是开了一个头。

3. 本书的研究对象是华语阅读测试，测试跟“教”、“学”是分不开的，本书虽有对教学的涉及，但限于本人视野和能力的不足，理论提升上还有较大的空间，测试模式和教学模式的互动还有待进一步的研究和阐发。

附录1　基础级华语阅读测试样卷

华语阅读测试试卷

（基础级）

注意事项

一、本测试的材料有三种：试卷、答卷、汉字卡。

二、试卷包括三项内容，共129题，考试时间为×××分钟。

第一部分：词汇测试（62题）

第二部分：句子测试（51题）

第三部分：语篇测试（16题）

三、根据上下文或拼音提示，每一个空格填写一个汉字。

四、_*_表示一个汉字，_*_ _*_表示两个汉字，它们跟本题空格处填写的字相同。

五、特别注意：所有答案都必须是汉字卡中提供的汉字，如果您的答案是汉字卡中没有的字，也许是对的，但将不被认可。

六、所有答案写在答卷上。

××××测试中心

××××年××月××日

第一部分　词汇测试

1. ______握，___*___持

2. 一______≈平常≈中等

3. 东______西走

4. 嘉______，___*___客

5. 基______(chu)

6. ______人接物

7. 高______≈高级≈高等

8. 偷______，强___*___

9. 门______，___*___一

10. 总______，监___*___，___*___察

11. 棉______，毛___*___，___*___织

12. 并______，___*___常

13. 佩______，___*___气

14. ______不外借

15. ______故，故___*___

16. 海______，___*___门

17. 男子______，___*___字

18. 大______大利

19. ______续，___*___承

20. 宝______，击___*___

21. 逐______，___*______*___，___*______*___地

22. 艰______，___*___大

23. 离合,生死,______散

24. ______展,___*___大,___*___充

25. 晴______,爽___*___

26. 不出所______

27. ______学,___*___步,___*___念

28. 简______,___*___微

29. 小______,燕___*___,___*___片

30. 图______不轨

31. 头______,首___*___,电___*___

32. ______(nu)力

33. 亚______非美澳

34. ______斤少两

35. 宽______,___*___易

36. 假______,___*___果

37. ______(sen)林

38. 拍______,___*___影

39. 神______,___*___明,___*___人

40. 驾______证

41. 电______,___*___听

42. 考______,尝___*___

43. 解______,注___*___

44. 交______,___*___收

45. 公______分明

46. 老马识______

47. ______子成龙

48. 犯罪______疑人

49. ______游，__*__视，__*__警

50. 通______(xun)

51. 寻______问药

52. ______乎寻常

53. ______容笑貌

54. ______件，__*__包，__*__递

55. 朋______，__*__人

56. 金______良言

57. 签______，__*__定，__*__会，

58. 保______，__*__碍

59. 手______，__*__挥

60. 家______，亲__*__，从__*__

61. 前______今明后

62. 著______，__*__业

第二部分　句子测试

63. 他的牙又____又整齐。

64. 这种____写字很好用。

65. 他能把____散的电视机重新组装起来。

66. 她____长的头发、大大的眼睛。

67. 水的中央有一个长满了树的小____。

68. 你爸当年上____就是这个学校。

69. 四季是春夏秋____。

70. 人全部____到齐了。

71. 听说____写是学习外语的四项基本功。

72. 这点钱____他来说根本不算什么。

73. 现在是北京时间 10 点 20 ____。

74. 桌子上放着一____求职的简历。

75. 这种树的____能一直长到地下几十米。

76. 这____木头很长。

77. 这件事____我一点关系也没有。

78. 有个小狗正在地上打____。

79. 中国东部沿____地区的经济比较发达。

80. 小心路____，以防跌倒！

81. 你怎么____没走？

82. ____从下午 2 点一直开到晚上 16 点才结束。

83. 这套房三____屋子，一大__*__，两小__*__。

84. 你去____他马上来。

85. 三____之家在当前的中国是最常见的家庭。

86. 一连十天的课把她____倒了。

87. 他____死才说出事情的真相。

88. ____是中国古代传说中最伟大的神异动物。

89. 请减速____行！

90. 60 ____等于 1 分钟。

91. ____看看你自己！

92. 你最好去跟她____个不是。

93. 俗话说：事不过____。

94. 这个科学家被活活烧____了。

95. ____是一种五到十三层不等的佛教建筑物。

96. 他们幸好____出来得还算及时。

97. 他从桥上____到了江里救人。

98. 这套房子三室一____。

99. ____您的福!

100. 他 25 岁就读____了从小学到博士的全部学业。

101. ____是千的十倍。

102. 山上跑____来一只老虎。

103. 老师在黑板上画了一条 S 形的____。

104. 没见过____他这样的人。

105. 名单上这____人我都认识。

106. 请问先生贵____?

107. 炒菜多放点____才香。

108. 现如今大学生____来 ___*___ 多。

109. 这____广告很有意思。

110. 百家姓的第一个姓是:____(zhao)。

111. "____"跟"那"的意思相反。

112. 我姓____,关耳 ___*___。

113. 这套房子根本不____这么多钱。

第三部分　语篇测试

114. 开会了！开会了！请大家____ ____！有什么话等会儿再说,好不好?

115. 如果天气有异常____ ____,航班将被取消。

116. 她是我的____ ____，我大姨妈的二女儿，比我大三岁。

117. A：这张照片哪儿照的？上海吗？

B：不是，后面的背景不是真的，是____ ____。

118. 他把一万六千人的兵马分成六路，由六个将军带领。这样经过一个多月的日夜____ ____，士兵们的体力等各方面的能力都大大提高了。

119. 你真的连这个都不知道吗？这可是____ ____啊！

120. 这种改革并不完全、并不____ ____，至少流通和分配的问题还没有得到较好的解决。

121. 我说你是怎么搞的，连眼皮子____ ____这点事都办不了？

122. 从今年3月始，河北省某县开展了治理____ ____吃喝专项行动。__*__ __*__消费少时，该县各大酒店门前冷落、生意稀少，而一旦可以花公家的钱吃喝时则生意兴隆、皆大欢喜。但健康的餐饮市场或其他别的市场，绝不依赖腐败消费，更不是为腐败服务的市场。

123. 因为购买____ ____等于是支持了自己国家的民族工业，所以，一般认为买__*__ __*__就等于是爱国。但问题并不这么简单，一方面，消费者当然有权利自由购买物美价廉的商品，一方面，如果__*__ __*__不管好坏都会得到认同，民族工业也就失去了发展的动力。

124. 你儿子都长这么高了！快赶上姚明了，打____ ____还真合适。

125. 我打算在这块地上种些东西，可是孩子们你们看，这块地现在太不平了，所以我们要先把它____ ____一下。

126. 近年来，中国人口在全球中的比重一直在下降，因为其他地区的人口增长速度越来越超过中国，中国每年增加的人口数在直线下降。从1988年年增1700万人降到2005年年增700万人，平均每年减少差不多60万人。这样推算到2016年中国的人口年增为零。再往后，人口增长变成负数，人口总数一年比一年减少。因此中国人口的峰值应该发生在2016年。从1988到2005的17年看，该书的曲线和事实拟合得相当精确，拿来推测未来11年的增长是相当可信的。该书得到的结论是调整人口政策，取消对____ ____的控制。

127. 这两件事看起来好像不一样，可并没有什么____ ____上的不同。

128. 1976年中国河北唐山地震，一时间，死亡和不幸成了唐山的代名词。据统计，在这场灾难中共有24万人死亡。但唐山人民是打不倒的，转眼三十年过去了，____ ____于1976的唐山人给中国、给世界带来了一个新唐山，一个漂亮的唐山、一个英雄的唐山。1976的唐山人，不仅是___*___ ___*___的，也是幸运的、幸福的。

129. "反恐"是当今世界的一个关键词，尽管多年来恐怖分子造成的伤亡可能还比不上一场哪怕小规模的战争。"恐怖分子"所以恐怖，是因为你不知道他们在哪里？什么时候来？以什么方式出现？当人们正在走路的时候、正在乘车的时候、正在饭馆吃饭的时候、正在学校上课的时候……突然就会有强烈的爆炸，就会有几人、几十人、几百人的伤亡。汽车___*___ ___*___、人肉___*___ ___*___几乎成了恐怖分子的代名词。如果联想到9.11，我们也许还应该增加一个词汇：飞机____ ____。

华语阅读测试答卷

（基础级）

（上文试题答案）

卷头，考生信息

一字答案区（第 1—113 题）

1.	把	23.	聚	45.	私	67.	岛
2.	般	24.	扩	46.	途	68.	的
3.	奔	25.	朗	47.	望	69.	冬
4.	宾	26.	料	48.	嫌	70.	都
5.	础	27.	留	49.	巡	71.	读
6.	待	28.	略	50.	讯	72.	对
7.	档	29.	麦	51.	医	73.	分
8.	盗	30.	谋	52.	异	74.	份
9.	第	31.	脑	53.	音	75.	根
10.	督	32.	努	54.	邮	76.	根
11.	纺	33.	欧	55.	友	77.	跟
12.	非	34.	缺	56.	玉	78.	滚
13.	服	35.	容	57.	约	79.	海
14.	概	36.	如	58.	障	80.	滑
15.	故	37.	森	59.	指	81.	还
16.	关	38.	摄	60.	属	82.	会
17.	汉	39.	圣	61.	昨	83.	间
18.	吉	40.	驶	62.	作	84.	叫
19.	继	41.	视	63.	白	85.	口
20.	剑	42.	试	64.	笔	86.	累
21.	渐	43.	释	65.	拆	87.	临
22.	巨	44.	税	66.	长	88.	龙

89. 慢	96. 逃	102. 下	108. 越
90. 秒	97. 跳	103. 线	109. 则
91. 你	98. 厅	104. 像	110. 赵
92. 赔	99. 托	105. 些	111. 这
93. 三	100. 完	106. 姓	112. 郑
94. 死	101. 万	107. 油	113. 值
95. 塔			

二字答案区(114—129题)

114. 安静	118. 操练	122. 公款	126. 生育
115. 变化	119. 常识	123. 国货	127. 实质
116. 表姐	120. 彻底	124. 篮球	128. 幸免
117. 布景	121. 底下	125. 平整	129. 炸弹

附录 2　无序号型汉字卡

华语阅读测试无序号型汉字卡

（基础级）

（说明：本卡包括 142 个目标字及 58 个干扰字，共 200 字，按音序排列）

A
安
按

B
把
白
百
般
倍
奔
本
比
笔
变
表
宾
斌
兵
布

C
藏
操
拆
长
常
彻
承
持
础

D
待
贷
弹
档
岛
盗
的
底
弟
第
电
冬
都
督
读
对

F
防
纺
非
分
份
封
峰
服

G
概
根
跟
公
股
骨
故
关
滚
国

H
海
汉
很
滑
化
怀
还
会
货

J
基
吉
既
继
佳
家
驾
间
兼
剑
渐
叫
街
姐
景
静
巨
聚
卷
绝

K
口
快
款
扩

L
蓝
篮
朗
累
练
两
料
临
留
龙
略
轮

M
麦
慢
每
免
秒
默
谋

N
脑
尼
你
努

O
欧

P
旁
赔
平

Q
钱
球
缺

R
荣
容
肉
如

S
三
森
设
摄
生
圣
识
实
驶
视
试
释
收
税
说
私
死

T
塔
逃
跳
贴
厅
途
托

W
完
玩
万
王

望

X

下

嫌

线

像

些

信

姓

幸

续

巡

讯

Y

药

野

页

医

宜

异

译

音

影

邮

油

友

有

玉

育

约

越

Z

则

炸

章

障

赵

这

整

郑

直

值

指

质

终

属

昨

作

附录3　有序号型汉字卡

华语阅读测试有序号型汉字卡
（基础级）

（说明：本卡包括142个目标字及58个干扰字，共200字，按音序排列）

A

1. 安
2. 按

B

3. 把
4. 白
5. 百
6. 般
7. 倍
8. 奔
9. 本
10. 比
11. 笔
12. 变
13. 表
14. 宾
15. 斌
16. 兵
17. 布

C

18. 藏
19. 操
20. 拆
21. 长
22. 常
23. 彻
24. 承
25. 持
26. 础

D

27. 待
28. 贷
29. 弹
30. 档
31. 岛
32. 盗
33. 的
34. 底
35. 弟
36. 第
37. 电
38. 冬
39. 都
40. 督
41. 读
42. 对

F

43. 防
44. 纺
45. 非
46. 分
47. 份
48. 封
49. 峰
50. 服

G

51. 概
52. 根
53. 跟
54. 公
55. 股
56. 骨
57. 故
58. 关
59. 滚
60. 国

H

61. 海
62. 汉
63. 很
64. 滑
65. 化
66. 怀
67. 还
68. 会
69. 货

J

70. 基
71. 吉
72. 既
73. 继
74. 佳
75. 家
76. 驾
77. 间
78. 兼
79. 剑
80. 渐
81. 叫
82. 街
83. 姐
84. 景
85. 静
86. 巨
87. 聚
88. 卷
89. 绝

K

90. 口
91. 快
92. 款
93. 扩

L

94. 蓝
95. 篮
96. 朗
97. 累
98. 练
99. 两
100. 料
101. 临
102. 留
103. 龙
104. 略
105. 轮

M

106. 麦
107. 慢
108. 每
109. 免
110. 秒
111. 默
112. 谋

N

113. 脑
114. 尼
115. 你
116. 努

O

117. 欧

P

118. 旁
119. 赔
120. 平

Q

121. 钱
122. 球
123. 缺

R

124. 荣
125. 容
126. 肉
127. 如

S

128. 三
129. 森
130. 设
131. 摄
132. 生
133. 圣
134. 识
135. 实
136. 驶
137. 视
138. 试
139. 释
140. 收
141. 税
142. 说
143. 私
144. 死

T

145. 塔
146. 逃
147. 跳
148. 贴
149. 厅
150. 途
151. 托

W

152. 完
153. 玩
154. 万
155. 王

156. 望

X

157. 下
158. 嫌
159. 线
160. 像
161. 些
162. 信
163. 姓
164. 幸
165. 续
166. 巡

167. 讯

Y

168. 药
169. 野
170. 页
171. 医
172. 宜
173. 异
174. 译
175. 音
176. 影
177. 邮
178. 油
179. 友
180. 有
181. 玉
182. 育
183. 约
184. 越

Z

185. 则
186. 炸
187. 章
188. 障
189. 赵
190. 这
191. 整
192. 郑
193. 直
194. 值
195. 指
196. 质
197. 终
198. 属
199. 昨
200. 作

附录4　华语听力、说话、写作测试的初设计

阅读是语言能力的主要指标，但仅仅阅读并不能全面反映受试的语言能力。阅读，加上听、说、写构成的“1＋3”框架才是全方位的语言测试。

既然读写、听力、说话、写作是四个不同的分项能力测试，求异应该始终是最重要的事情。如果不同的测试却指向了相同或相似能力，这实在是一种浪费。有研究表明，HSK的听力测试和其他部分的相关甚至高于听力测试内部的相关，这是一种浪费。下文将本着努力求异的原则，尝试探讨有关听力、口语和写作测试的基本设计。

一　听力测试的设计

1. 现行听力测试回顾

(1) 关于“绑定”

迄今为止，以汉语为第二语言的主要测试，大都把听和读捆绑在一起。所谓捆绑，有两方面的意思。

一方面是听力理解和阅读理解是一张试卷，听、读是一个测试的两个分测试，例如KSK新旧版所有层次的考试、BCT、C. Test(实用中国语水平认定考试)、中国台湾推出的华语能力测试、美国的AP中文考试等，莫不如此。

另一方面，听力测试不光需要听，同时也需要阅读文字载体的选择项。上面列举的这些考试一般也都如此，甚至有时还需要把写也拉上，例如HSK(基础)有一项听力测试是“听文章做笔记”，要求如下：

说明:51—70题,你将听到几段演讲,请你一边听一边记,根据听到的内容,将每段演讲后面的笔记补充完整。答案是一个词语,要求字数在10个字以内,请你把答案按题号写在答题纸的指定位置。注意:录音结束后,你还有1分钟时间来补充你的笔记。

上面说的是主要面貌,也有不捆绑的时候。例如HSK(旧版基础级,改进版初级)的部分题目、BCT的部分题目、中国语检定的部分题目等,听力部分的有些题目不需要阅读文字载体的选择项。不阅读文字载体的选择项通常有两种做法:阅读图片、听选择项。

(2) 关于"标准"、"语速"与"背景音"

迄今为止,所有以汉语作为第二语言的测试听力面貌都局限于以下三点语音面貌:力求标准的发音、缺乏等级变化的稳定语速、录音棚背景。

以前有不少对外汉语教学研究者对方言普通话的问题表达了自己的观点。支持的认为方言普通话是学习者面对的现实,中高级的教学不应回避方言普通话,甚至应该是教学的重点,反对者则强调这样做不利于标准的建立(刘颂浩,2001)。不管是支持的还是反对的,其着眼点是教学(同时反映的是对标准的态度)。

至于测试上是否也存在同样的问题则很少人关注这个问题,但标准问题在测试上一样存在,甚至对于华语测试来说还相当要紧。

从是非标准的角度而言,追求标准的发音对一般汉语第二语言测试来说无可非议,对华语测试来说则另当别论(前文已有论述,不再赘言)。

从测试技巧的角度来说,一味地追求标准发音,对所有的测试都未必恰当——对不准确发音的容忍能力不正是听力理解能力的一个指标吗?对不准确发音的辨析,正体现了听话者的综合语文能力。语义、句法、语用等多方面的程序性知识都可通过听得以体现,因为这些知识必须参与到听力理解的过程中去。

例如,不考虑语境的话,声调是绝对马虎不得的。然而在语境中,它的重要性就大打折扣了(王汉卫,2002,2004)。我们看下面的例句:

① Ta xi huan da wang qiu.（他喜欢打网球。）

② Zhang xian sheng de ba ba si le.（张先生的爸爸死了。）

③ Wo qing ni chi fan ,hao bu hao?（我请你吃饭，好不好？）

④ Jin tian shi er ling ling yi nian shi yi yue shi si hao。（今天是2001年11月14号。）

比如例句2，在这个语音链条中，“baba”是最容易确定的，可以先把它切分出来，假定为“爸爸”。那么，“爸爸”前面的“de”大约是“的”，“de”前面的“zhang xian sheng”是人称。即使没有语境，“xian sheng”的首选意义也是“先生”，但不能确定它一定是“先生”，它还有可能是“先声”、“显圣”、“贤生”等，但在此语境中，“先生”（或者其他表人名称谓的理解）是可以确定的。“先生”前面的“zhang”应该是一个姓，如同“某先生”中的“某”一定是姓一样，“zhang”的首选自然是“张”。“si le”应是对“张先生的爸爸”的一个陈述，“le”又在句末，我们可以推测它是“了”。现在只剩下一个“si”，基本可以确定为“死”，虽然“si”下有大量的备选词：“四、丝、撕、似、私、嘶、思、寺……。”

这样，这串语音链最终被推测为：张先生的爸爸死了。这是一个首选的结果，由于这个句子还构不成一个完整语境，所以还存在下面的两种基本可能下的N多种可能：

张贤生的爸爸死了。

章先生的爸爸死了。

章贤生的爸爸死了。

（借条呢？）张先生的爸爸撕了。

……

上面的推测过程不是故弄玄虚，语义推断是听力理解的潜在程序，越是发音不准确，推断就越重要，对综合语文能力的要求就越高，现实生活中的交际无时无刻不以这种推断为基础。甚至可以说，推断就是听力理解本身。标准的发音缩小了推断的范围，降低了推断的难度和区别度，也等于是部分地剥夺了被试的推断机会，削平了被试间的能力差异。

缺乏等级变化的稳定语速也是所有听力考试的基本面貌。孟国(2007)统计分析了HSK初中等和高等样卷的语速情况,引文如下:

教 材	语料段数	最快语速	最慢语速	平均语速
HSK初中等听力(三)	6	240	193	214.67
HSK高等听力(一)	7	228	202	216.29
HSK高等听力(二)(实况)	3	231	186	201

统计显示:第一,HSK初中等和高等的听力部分的语速虽然都达到了正常语速的范围,但都属于"较慢正常语速",所以,在语速上,有适当提高的空间和必要。HSK高等(一)的平均语速(216.29字/分钟)和HSK初中等(三)的平均语速(214.67字/分钟)基本持平,我们以为,作为高等考试,在语速上应该适当拉开与初中等考试的距离,至少应该达到"适中正常语速"(220—269字/分钟)。

上面统计得出的几个数据显示:高等(一)考试的平均语速竟与初中等基本持平,每分钟只高出两个字都不到。高等(一)的内部语速差仅有26个字,而初中等的内部语速差高达47个字。初中等的最快语速高达240,而高等(一)的最快语速则仅有228,反倒慢了16字/分钟。实况千差万别,实况听力的语速虽不可控制,但可选择,而高等(二)的实况听力平均语速、最快语速、最慢语速竟然都低于初中等。

从上面的数据和分析可以看出,HSK听力测试的语速意识是很淡薄的,不同等级间的语速差并未得到严肃对待。这一点在高等HSK的听力要求说明中也能看出来,据刘英林(1994),HSK高等听的要求是"180—260字/分钟",如此大的跨度几乎就是取消了速度应有的要求。孟国(2007)认为"作为高等考试,在语速上应该适当拉开与初中等考试的距离",这个认识无疑是正确的。田靓(2006)通过实证研究证明语速对听力理解存在影响。

当前以HSK为代表的听力测试,不管是不同层次还是同一层次内部,听力测试的分测试——或者说提升区别度的主要手段是增加听力材料的长度，从一句话到对话再到短文，从短的对话到长的对话，从短的短文到长的短文，其思路都是一样的。前文讨论过，超出句群这个最大的背景单位，已属于浪费。在听力这种转瞬即逝的条件下，不只是浪费问题，过长的听力材料和细节方面的题目设置很难说是在考听力还是在考记忆力了。例如 HSK（改进版，高级）样题：

第(11)题到第(15)题是根据下面这段对话：

女：汽车应该算是近年来中国最热门的高档商品了。然而随着城市汽车数量的增加，汽车的发展也必然会给城市带来一系列问题。所以我觉得应该对汽车的发展做一些限制。

男：如果我们不发展汽车工业的话，我们宏观的经济增长目标实际上是没有支持的。根据研究，汽车工业对经济的发展起到了举足轻重的作用，它是增长最快，拉动性最强的工业之一。

女：从对全国工业的带动作用来讲，汽车当然是要发展的。我们现在不是要反对汽车发展，而是要考虑汽车发展可能会带来的交通问题。我认为应该鼓励人们购买汽车，但是要限制汽车的使用。所谓限制使用主要是从堵车和污染两方面考虑的。根据政府有关部门的预测，城市堵车的状况，在今后比较长的一段时间内还会逐步地加剧。这种形势就不得不让我们考虑限制使用汽车。当然，限制使用并不是说要仅仅简单地依靠行政命令来限制，而是要通过经济手段来引导。比如说在北京，如果我去王府井，叫个出租汽车不到 50 块钱就到了，但要是自己开车过去，连汽油费带停车费等各种费用加起来花的钱远远比这个多，那么我就很可能会考虑还是不自己开车了。

男：我觉得要解决这个问题，最重要的是要改造城市结构，在城市的郊区设一些卫星城，使中心城市和卫星城之间通过私人汽车进行连接。从而最终解决汽车大批量进入家庭造成的矛盾和冲突。

女：改变北京的城市建设模式，来适应汽车的发展，从国外的一些发展情况来看，是有效的。用较长的时间、较大的代价也是可以实现的。但是要想使交通现状在短期内得到一定的缓解，还是应该多考虑从限制汽车使用和发展公共交通这些方面来入手。

(11) 女的建议怎样解决汽车发展对城市交通的影响问题？

A. 尽量维持现状　　B. 限制使用汽车

C. 减少汽车数量　　D. 提高汽车售价

(12) 女的提出的建议主要是基于哪方面的考虑？

A. 道路交通建设滞后　　B. 私车数量增长太快

C. 堵车和污染太严重　　D. 城市结构需要改造

(13) 女的谈到去王府井的例子是为了说明什么？

A. 去王府井打车更便宜　　B. 她家离王府井非常近

C. 用经济手段限制汽车使用　　D. 出租车比私家车方便得多

(14) 男的认为应该如何改造城市结构？

A. 发展私家车　　B. 设置卫星城

C. 发展公共交通　　D. 改建城市道路

(15) 对于男士的的建议，女的有什么评价？

A. 根本无法实现　　B. 国外没有先例

C. 长远效果不好　　D. 见效慢代价高

第(26)题到第(30)题是根据下面这段讲话：

国外有些学者说中国现在处于考古的黄金时代。我觉得从大发现这个角度来讲有道理，但是不能光是有发现，考古学的黄金时代应该有自己的理论、自己的方法、自己的一群在世界上有声望的考古学大师。我想用这个标准来衡量，我们现在还不能说是考古学的黄金时代，只能说考古学黄金时代正在到来。说考古学黄金时代正在到来，主要有几个方面的原因：

一个方面是最近这些年我们国家的建设项目规模越来越大。大家知道，修一条铁路，修一条高速公路，势必要经过很多地方，在这些地方往往会碰到一些古代的遗址。如果这些遗址特别重要，我们就给它让路；如果一般比较重要的，我们就配合进行发掘。由于这些年光是高速公路就修了将近2万公里，规模非常大，还要盖工厂、修水库，特别是像长江三峡那么大一个水库要淹掉很多很多地方，我们就得调动全国的力量在那里开展考古工作。在河南省有一个黄河小浪底水库已经基本修好了，它也淹了很大一块地方，其他地方也有很多的水库或者水利工程，规模没有那么大但是面更广。这么一些工程下来，考古人员疲于奔命，他们就像是“救火队”，只能拣最重要的去发掘，这是一个很重要的原因。

第二个原因，最近一些年我们国家不但经济有比较大的发展，科学技术也有比较大的发展。现在有很多的高新技术用在考古学上。这样我们的研究，对于过去来讲，就是上了一个新台阶，在技术上上了一个新台阶。

第三个原因，是由于改革开放以后大家在思想上摆脱了教条主义的束缚，考古学家可以自由地进行研究，不同的观点可以自由地争辩，这种状况当然是有利于学科的发展的。

(26) 对国外学者关于中国考古学现状的说法，讲话人是什么态度？

A. 很赞赏　　B. 全同意

C. 很怀疑　　D. 有保留

(27) 根据讲话人的看法，考古学黄金时代的一个重要标准是什么？

A. 有世界级的考古学大师参与研究

B. 从国外引进了先进的考古学方法

C. 产生了中国人自己的考古学理论

D. 出现了有世界影响的考古新发现

(28) 中国近年来的考古新发现有什么特点？

A. 全部都有十分充足的资金支持

B. 很多都是经济建设项目带来的

C. 多半都在新修的高速公路线上

D. 通常没有经过认真周密的计划

(29) 讲话最后提到促进中国考古学发展的第三个有利条件和什么有关?

A. 学术环境　　B. 科技条件

C. 经济基础　　D. 科研经验

(30) 这个讲话最恰当的题目应该是什么?

A. 中国考古学发展的有利条件

B. 中国考古学正迎来黄金时代

C. 中国最近有哪些考古新发现

D. 中国考古学面临的主要问题

上面较大篇幅地引用了 HSK 的样题,是想形象地说明如此长度的材料,不要说听,就是读,要想准确做对每一个题(特别是细节题),怕有时候也需要回头看看,而听显然没有"回头看看"的可能。郑厚尧、李祖明(2002)基于对全国大型英语考试后的数据分析认为:"考生对对话的理解明显优于对短文的理解,主要是因为对话的篇幅短,回答问题所需要的短时记忆强度低。"这个结论是值得参考的。

改变这种只在长短上做文章的模式,必须提出新的方案。方案之一就是要在速度上做文章。(详见下文)

录音棚背景是 HSK 系列考试的另一个基本面貌。在对外汉语教学界,积极对待实况听力的人很少,天津师范大学的孟国教授是少有坚持鼓吹和实践实况听力的一个(1996、1998、2006、2007)。如果说听力教学、特别是基础阶段听力教学应以清晰的录音制作为主的话,听力测试,哪怕是初级的听力测试也不应完全排除实况,道理同标准、语速方面的考虑一样——张三能够抓住只言片语把语料连成一个整体,李四做不到,这正是语言能力的差异。跟不停地增加语料长度相比,在语音的清晰度和背景音上做做文章也许是一条值得尝试的道路。

经过上面对当今听力测试的问题回顾，接下来我们对华语听力测试提出一些建议，华语听力测试应该建立在对上述诸问题的克服上。

2. 华语听力测试的基本原则

当前汉语听力考试的基本面貌是听读绑定。基于前文的讨论，我们认为华语听力测试的基本面貌和基本原则应该是排除读写。

上文提到，有些测试的部分题目采取的就是听选择项做法。一般听选择项的题目是采取三个选择项的做法，目的是避免遗忘。少了一个选择项，猜测的几率增加到33%，猜测率增加不是上乘选择。我们的建议是"一听二看"：

(1) 听选择项。还保持四个选择项，但严格控制选择项的长度。

(2) 看图片。以往的测试，仅仅把选择图片作为初级测试的一个方法，其出发点是为了防止汉字因素的干扰，随着测试等级的提高，中级以上就不再使用图片。这种设计是以听说读写协调发展为预设的，并不意味着选择图片只适合于初级，事实上选择图片适合任何层次的听力测试。

(3) 看数字。阿拉伯数字是全世界通用的。

一句话回答问题，或听简短对话回答问题，都比较容易做到排除读写，关键的是听短文回答问题怎么办？

前文说过，如果短文超出句群的范围就是浪费，对于听力还外加了沉重的记忆负担。根本的做法是严格控制短文的长度，每段短文只生成一个问题。增加短文的数量，而不是挖掘短文中的问题。这样就可以做到各种背景下都完全排除读写，也惟其如此，才可以坚定地说"听力理解就是听力理解"。

3. 华语听力测试的卷面结构

研究表明，HSK测试听力理解跟其他分测试的相关度很高（柴省三，2002；张凯，1995；郭树军，1995）。例如张凯（1995）的研究表明，听力理解短文部分跟语法结构Ⅱ、阅读理解、综合填空的相关均高过跟听力理解Ⅰ、听力理解Ⅱ之间的相关。而听力理解每一部分跟全卷的相关也高于它们内部之间的相关。其他几个分测试跟全卷的相关也均高于自身内部各部分之间的相关。数据如下：

变量	全卷	L1	L2	L3	G1	G2	R1	R2	C1	C2
全卷	1.00	.79	.88	.90	.77	.91	.92	.92	.87	.90
L1	.	1.00	.76	.75	.60	.67	.68	.67	.62	.64
L2	.	.	1.00	.80	.69	.80	.79	.76	.70	.74
L3	.	.	.	1.00	.65	.78	.83	.81	.77	.78
G1	.	.	.	.	1.00	.70	.66	.65	.64	.70
G2	.	.	.	.	.	1.00	.83	.81	.77	.82
R1	.	.	.	.	.	.	1.00	.84	.80	.81
R2	.	.	.	.	.	.	.	1.00	.78	.81
C1	.	.	.	.	.	.	.	.	1.00	.79
C2	.	.	.	.	.	.	.	.	.	1.00

张凯只是提出问题，并未做出任何结论。有研究者基于相似的实证数据认为："各部分之间有较高的相关，测验内部具有相当的一致性……测验的结构是合理的（重点号是引者所加）。"（何芳，1995）同时也有研究者针对这种情况提出了批评："分测验之间的高相关说明了整份试卷（整个测验）同质性很强……但如此高的同质性，可能会影响分测验的判别效度。"（郭树军，1995）

我们同意郭树军的看法，如果一个分测验自身内部的相关居然不如与其他分测验之间的相关高，说明该分测验并没有测到什么特质——缺乏判别效度的分测验还有什么分的价值呢？异是本来存在的，测试需要做的是把它测出来，当前的试卷结构显然根本无法实现这个目标。由此看来，改变试卷结构是没有选择的必要尝试。

（1）听力理解分测试Ⅰ——变异容忍度测试

变异容忍度测试指的是对非标准华语的容忍程度，相当于从标准普通话到方言普通话的变异。

什么是标准华语？这还是一个问题。标准华语涉及语音、词汇、语法诸问题。在听力理解中主要涉及的是语音标准问题，下面是华语听力变异容忍度测试的三种语音面貌：

① 普通话标准。

② 目前华语的基本面貌。

③ 掺杂不准确语音（即方言语音，包括声、韵、调各个方面）的发音面貌。

一个具有良好听力能力的受测应该不仅仅能听懂普通话、听懂华语，还应该能够听懂不标准的普通话，不标准的华语。

体现这三种变化的语料即构成了变异容忍度分测试下的三个再分测试。

（2）听力理解分测试Ⅱ——速度容忍度测试

首先得界定一下“正常语速”。较早的语速研究成果表明 200 字/分钟是正常语速（石佩雯，李继禹，1977），这是一个对对外汉语教学影响很大的数据，在不同时候不同场合被广泛认可（杨惠元，1996：41；吕必松，1996：201；《汉语水平考试（HSK）考试大纲》，1989）。但另外一些研究表明情况还有些不同。刘镰力（1997）的研究表明，中央电视台新闻节目的平均语速为 280—300 字/分钟。刘超英对北京大学 10 位教师上课的语速研究表明平均语速为 239 字/分钟（见刘颂浩，2001）。孟国（2007）利用自己搜集的听力实况录音研究表明，青年人平均语速为 276.4 字/分钟，中年 223.09、老年 184.38。他对不同职业者、不同说话场景下的语速进行了详细的统计。最后得出结论如下：

语速状态	较慢语速	接近正常语速	正常语速(84 段)			较快语速
			语速较慢正常语速	适中正常语速	较快正常语速	
语速标准	150—179	180—199	200—219	220—269	270—299	300—350
语料段数	9	12	11	58	15	21
在 126 段语料中的比例(%)	7.14	9.53	8.73	46.03	11.9	16.67

下面就以上文相关数据为依据，设计不同层次及同一层次内部速度容忍度分测试的再分测试。

基础级：

速度容忍度再分测试 1:150 字/分钟

速度容忍度再分测试 2:180 字/分钟

速度容忍度再分测试 3:210 字/分钟

提高级：

速度容忍度再分测试 1:180 字/分钟

速度容忍度再分测试 2:210 字/分钟

速度容忍度再分测试 3:240 字/分钟

熟练级：

速度容忍度再分测试 1:210 字/分钟

速度容忍度再分测试 2:240 字/分钟

速度容忍度再分测试 3:270 字/分钟

母语级：

速度容忍度再分测试 1:240 字/分钟

速度容忍度再分测试 2:270 字/分钟

速度容忍度再分测试 3:300 字/分钟

也许具体数字在这里并不是十分重要，重要的是在不同层次的测试和同一层次内部都要保持一个清晰的速度阶梯，以此来探知被试对语音的反应速度。

(3) 听力理解分测试Ⅲ——干扰容忍度测试

首先必须明确什么是干扰,然后才能对用来测试的实况录音提出具体要求,否则即使是实况录音,恐怕也达不到测试干扰容忍度的作用。反过来,如果明确了干扰的内涵和外延,即使在录音棚里,也能够制作出满足测试(以及教学)需要的实况。

干扰,简言之,就是非正常语音及非语音对正常语音的影响。非正常音就是发音人有意或无意的特殊语音;非语音就是背景音,或说噪音。干扰容忍度测试就是测查被试对非语音和非正常语音的容忍程度。

循此定义,干扰的外延可以粗分为三大类,十四小类:

第一类:发音人能力欠缺

① 断续语:因生理、心理原因导致的发音明显不连贯,断断续续。

② 重复语:不规律地、不恰当地重复某些音节的发音。

③ 纠正语:有发音、措辞或语法错误,但随后得到发音人自己纠正。

④ 啰嗦语:夹杂了某些口头语,使语言臃肿啰嗦的发音。

⑤ 口吃语:不规律的严重重复或中断的发音。

第二类:因情景而改变

⑥ 耳语:发音非常轻,基本不震动声带,但较清晰。

⑦ 呼喊语:因愤怒、兴奋、紧张、急迫等多种原因导致的超常规音高。

⑧ 超快语:因愤怒、兴奋、紧张、急迫等多种原因导致的超常规的快速发音。

⑨ 超慢语:为了让声音传送到较远的距离而保持每一个声韵母都非常饱满,特别是韵母被延长。

⑩ 中断语:因哭泣等原因而使发音出现停顿。

⑪ 综合变形:表达特殊情感,例如爱、恨、嫉妒、讽刺等,因而语音、语调很夸张、且极度不稳定的发音。

第三类:被情景改变

⑫ 夹杂语：主音中夹杂了其他人的发音。

⑬ 隐约语：远处传来的语音，隐隐约约，勉强连贯。

⑭ 湮没语：噪音背景突出，语音甚至很大程度上被噪音湮没。

以上三大类并不适合直接作为干扰容忍度测试的再分测试，但大体应该是干扰容忍度测试的题型来源，或者说是抗干扰测试应该照顾到的基本方面。具体分测试的组成应该根据干扰的程度进行分配组合。

总之，经过上面的讨论，本书将华语听力测试定性为听读彻底分离的，由变异容忍度测试、速度容忍度测试、干扰容忍度测试三个分测试组成的测试。

二　口语测试的设计

1. 现行口语测试回顾

口语测试的操作难度比较大，这是为学界所公认的事实。旧版的 HSK 多年来一直只有高级才设口语测试，改进版才把口语测试普及到了初、中、高三个层次。

从考试题目上看，不管是旧版还是新版的 HSK 口语测试，都有一个明显的不足，即题量太小。例如改进版的初、中、高三级考试时间依次为 15 分钟、12 分钟、10 分钟。

题量不足是一个很严重的问题，因为题量不足就是样本量不足——这无疑将影响测试的有效性。题量不足的瓶颈是主观性的评分方法，主观评分费时费力。跟评分方法密切相关的是题型，题型决定评分方法。在“题型→评分方法→题量→样本代表性→试卷质量”这个链条中，题型是牛鼻子。

HSK 口语测试存在的另一个问题即重表达能力，轻形式标准。下面是 HSK 初中高三级的题型设置：

初级：第一部分：重复句子（指向形式）

第二部分:简短回答(指向内容——简单说明性陈述)

第三部分:口头陈述(指向内容——简单说明性陈述)

中级:第一部分:回答问题(指向内容——说明性陈述)

第二部分:看图说话(指向内容——描述性陈述)

高级:第一部分:听后回答问题(指向内容——评说性陈述)

第二部分:二选一回答问题(指向内容——评说性陈述)

从上面的题型介绍和简析可以看出 HSK 重表达能力、轻形式标准的倾向是相当明显的。旧版的 HSK 高级测试还有朗读的题型,而新版的题型没有开发出更多指向形式的题型,反倒把指向形式的题型仅保留在初级。

我们认为这里面存在一个误区,即把口语和口语测试在某种程度上混淆在了一起。

如果不把口语测试当做听、说、读、写语言能力测试的四个相关测试中的一个,而把它单独开来看,HSK 当前的做法几乎是可以肯定的。但听说读写,特别是听和说、读和写是相互关联的——作为语言能力的测试必然在这个关联之中。如果从关联的角度看,口语测试中重表达能力比重形式标准跟其他测试有更多的重叠。

真正属于口语测试所有、其他测试所无的,就是语音面貌的测试。语音面貌包括两个主要方面:标准程度和流利程度。

可以合乎逻辑地推断,标准的发音和流畅的朗读决不仅仅是通过发音练习和朗读练习得来的,因此,标准程度和流利程度代表的也决不仅仅是自身,它们一定对表达能力具有推断力。

语音面貌是可以设定形式标准的。结合评分来看,有形式标准的测试的评分信度会更好一些,更便于采取 0/1 制的客观评分。王佶旻(2002)对 A. 问答、B. 重复句子、C. 口头报告三类题型的研究表明:“A、B 两题型的 0/1 评分信效度都比较理想”,而且“无论采用何种评分办法,B 题型的评分信度总是优于 A 题型”,而 C 型题目虽有较好的信度,“但结构效度不甚理想”,她最后得出的结论是:“对于初中等水平的考生,用A题型和B题型比用C题型更为有效。”

上文已经展现,在新版HSK系列口语测试中,只有初级的一个题型是B类,中高级都是以C类为主,这也正如王佶旻所言:“在三类题型中,C题型是应用最广的。”

造成这种情况的原因大概有两个:一个是C类命题较为容易(这是不争的事实);另一个就是求异意识不够,忽略了口语和口语测试的区别和联系,忽略了相关测试之间的区别和联系。

解决上面这些问题,有赖于口试命题原则和试题结构的改变。

2. 华语口语测试的基本原则——排除读写,排除口头作文

排除读写是华语口语测试的基本原则。朗读或任何基于文字的说话题目都不是单独指向口语的,应该一律排除。毋须赘言,这种题型缺乏基本的表面效度。

例如HSK高等口语的样题:

第一部分:听后回答问题(边听边记,2分钟整理笔记,3分钟答题)

女1:你好。我是从西安来的。这次女儿考上北京交通大学,我就是来送她报到的。

女2:我有两个问题比较好奇,第一个她上大学,你为什么要送她啊?

(本书此处略去462字)

男:小孩一般到了十七八岁,就特别不愿意父母过多地干涉他们。你只要觉得她安全,就放心好了。其他的事,她长大得越快越好,实际上你应该感到欣慰。

问题:对父母亲自送孩子去大学报到,你有什么看法?谈谈你的理由。

第二部分:二选一回答问题(2分钟准备,2分钟答题)

(1) 在网络时代,报纸还有没有用?为什么?请谈谈你的看法。

(2) 有人说最好的健身方法是走路,你是否同意这种说法?为什么?

显然,口头作文式口试题把若干方面的指标搅在一起,既不是单独指向口语,也不利于公平、客观、高效的评分。

华语听力和说话测试排除读写是为了照顾读写能力较差甚至很差的人群,理论上听说和读写可以完全分开,实践上确实存在这样的人群。

3. 华语口语测试的卷面结构

真正属于口语测试所有、其他测试所无的测试内容是语音面貌测试,包括语音精度测试和语流速度测试。另外,表达能力方面的测试也应有所涉及。

精确度、语流速度、表达能力三者相比,应该以语流速度为主。因为单纯的精确度对语言能力的折射不多,而表达能力则又高度综合,而对听到的语言材料理解得越好,口语基础越好,跟读得会越准确、流畅,特别是长句,其中隐含着综合的口语能力。

这样就构成了层层加码,又以语音面貌为主的口语测试的三个分测试。

(1) 口语分测试一——语音精度测试

语音精度即发音的标准程度,包括声、韵、调等。这些项目都可以和跟读这个方式配合起来。跟读这个大方式下可以延伸出一系列的具体题型,只要题目的针对性不同,就可以完成不同指标的测试。要之,一个题目一次只负责完成一项指标的测试。例如声母测试可以使用下面的题型:

① 跟读单音节词

② 跟读双音节词

③ 跟读四音节词

韵母、声调等也可以使用这样的题型。经过这样的控制,所有题目都可以根据主试的印象采取 0/1 评分。虽说也是主观测试,但已经将主观性和评分难度降到了最低。语音精度测试不需要限定时间(不是说没有时间要求,而是这方面的时间限制意义不大,因为跟读紧随其后)。

（2）口语分测试二——语流速度测试

这是流利度测试。主试朗读完句子后的停顿时间要建立在严格的实证研究的基础上，停顿的时间由长到短，跟读的句子由短到长，划分三个再分测试，以达到区分良莠的效果。如下：

语流速度测试一：句长相对较短，停顿相对较长。

语流速度测试二：句长相对较适中，停顿适中。

语流速度测试三：句长相对较长，停顿相对较短。

随着测试层次的提高，进一步提高词汇、句法、句长、停顿时间等各方面的要求。但不管内在要求怎么变，评分方式始终非常简单。速度分测试可以很方便地实现0/1评分，而且近乎客观。只要没有在预留的时间空隙内完成跟读的，即为0分；相反，能够在规定的时间内完成跟读的即得1分（不遗漏音节是基本要求）。

（3）口语分测试三——表达能力测试

如果将口头表达能力维持在单句层面，也可以做到0/1评分，具体方法如下。

① 确定目标总体。

② 抽取汉字（语素）样本。

③ 构词（有的不必，例如介素“把”）。

④ 确定每一个（或一类）样品造句句长，实证不同程度被试所需的造句时间。

⑤ 按照语流速度划分亚分测试的方法建立分测试。

⑥ 构卷（制做考试音带，用于造句的目标词是听来的而不是看来的）。

⑦ 施测。

⑧ 评分：超出时限得0分；时限内有整体性偏误（刘珣，2000：193）也得0分，其余情况得1分。

经过上面的设计，就可以在口语测试中完全排除读写，也都实现了0/1评分，而且整个评分过程也接近客观，操作性较强。这样就可以大幅增加样本量，测试的质量也会因之得到保证。

三　写作测试的设计

1. 现行写作测试回顾

写作测试也是典型的主观题，阅卷难度比较大。评分员和评分员之间、甚至同一个评分员不同的时候都会有较大的尺度变化，难以保持一致（田清源，2007）。作文的评分信度不高，这是公认的事实。

也许是因为这种原因，国内外有些大型的二语考试对写作甚至采取了回避的做法，例如托业只有听力和阅读，没有口语和写作，HSK 改进版才新近把口语和写作推广到初、中、高三个层次，而之前的二十多年，口语和写作只在高级考试中才出现。但在越来越重视交际能力的今天，写作作为语言输出能力的重要表现，也正受到越来越多的重视。

下面以 HSK（改进版）为例，分析一下现有写作测试的基本情况：

初级：(1)完成句子(10 题)；(2)看图并用指定词语写句子(10 题)。

中级：(1)用给定的词语完成短文；(2)看图写作。

高级：写短文。

从 HSK 不同层次的写作题型的设置可以看出两个倾向：把第二语言的写作在某种程度上混同于第一语言的写作；把写作混同于作文。

HSK 初级的写作测试中第二语言测试的色彩较浓，中级的已经很弱，高级的则已全无第二语言测试的色彩。整体来看，HSK 写作测试受到了汉语母语写作测试的强烈影响，第二语言测试的色彩不够鲜明。在 HSK（改进版）的考试说明中，写作能力的测试表述为“写作”，在旧版的 HSK 考试中，写作能力的测试更被直接表述为“作文”。“高等汉语水平考试由相对独立的三套试卷构成：① 120 题听读笔试；②作文考试；③口语考试。”①

① http://www.hsk.org.cn/Intro_hsk3.aspx

在第一语言中，通常所谓“写作”就等于“作文”，在第二语言测试中，写作应该有更宽泛的外延，例如 HSK 初级测试中的“完成句子”、“用指定词语写句子”显然也是写作。所以，如果把写作混同于作文，等于减少了写作测试的手段。看来，如果期望华语写作测试有较大的改进，就有必要认真审视“写”在第二语言测试中的内涵，即什么是“写”？

在 HSK（改进版）的说明中有这样的表述：“主试卷侧重考查听和读的能力，口语试卷考查口头表达能力，写作试卷考查书面表达能力。”①“书面表达能力”当然不等于作文，本书对考察“书面表达能力”的“写作”定义如下：写作即书写语言要素及其组合方式，以体现受试对目标语言把握的一种言语行为。对这个定义，有如下的分析性认识：

(1) 写作跟听、说、读都是对目标语言能力的基本面的推断性测量，而基本面永远离不开语音、词汇、语法等语言要素。换句话说，对以这些语言要素为内容的程序性知识的测量是所有语言能力测量的中心，写作也不例外。

(2) 写作跟听读是输入能力和输出能力的区别。

(3) 写作跟口语是输出方式的区别。

(4) 写作不等于作文，不管在华语作为第二语言测试的哪个层次，作文都仅仅是写作测试的一个题型，而不是唯一题型。

2. 华语写作测试的基本原则

受阅读测试的启发，我们尝试把华语写作测试的基本原则定位为“胶片写作”。“胶片”的特点就是实的变虚，虚的变实。例如给出一句话，空出其中的一个字或一个词让被试填写，这是阅读测试的方法；反过来，给出一个字，按一定的要求完成一句话，这就是写作了。

第七、八两章我们建立了阅读试卷的卷面结构。以此为胶片，会得到词汇、句子、篇章三个层面的写作测试。这三个层面中，只有篇章较多地呈

① http://www.hsk.org.cn/news/%CD%F8%B9%D2%D1%F9%CC%E2.doc

现出作文的面貌，也就是说必须面对作文评分的困惑；在其他部分，困惑都迎刃而解，写作测试评分的客观化得到了部分的实现。

作文的评分信度是大家关注的问题，从评分原则、操作方法上加以控制，引入客观化的作文评分系统（任春艳，2000），甚至利用数学的方法消除评分员效应（田清源，2007）等都有研究。但这些方法是事后的弥补，只能改善主观评分的信度，而不能弥补主观评分与客观评分之间的鸿沟。“胶片阅读”不同的是，它对写作的测试方式做出了反应，即把综合性的测试部分地改为分析性的测试，也部分地破解了写作评分带来的困惑。

3. 华语写作测试的卷面结构

(1) 词汇层面的写作

根据抽样结果，给出目标字（语素），让受试根据出发字自由写出由该字组成的词。根据对出发字的分析，出题时应有如下一些控制：

① 确定组词的数量。

② 确定组成词的音节数量。

③ 确定组词时目标字所在的位置。

经过上面的控制，具体组成的是哪个或哪些词就有了固定的范围，正误判断对阅卷者来说已经不是拿捏不定的事，这样就实现了词汇层面写作的 0/1 客观评分。

(2) 句子层面的写作

此处的句子指的是单句。

根据对目标字（词）的分析，确定目标句的句长。句长是一个重要要求，有了句长，语法的复杂性自然会得到体现，这样评分的标准也就变得相对简单。主要依照有没有满足句长和相关要求，例如结构、句型、句式等，0/1 的客观评分也可以实现。

(3) 语篇层面的写作

语篇层面的写作某种程度上说就是作文，所不同的是，多了一些硬性的依据，例如目标词、关联词，句长等，语篇层面的写作也都要根据对目标字（词）的研究，以及复句、句群的特点，提出适当的字数要求。

以上三个层面的写作，可以作为写作测试的三个分测试。

主要参考文献

1. 汉字应用水平测试研究课题组(孙曼均执笔)(2004) 汉字应用水平测试用字的统计与分级,《语言文字应用》第1期。
2. 汉字应用水平测试研究课题组(张一清执笔)(2004)《汉字应用水平等级标准》研制报告,《语言文字应用》第1期。
3. 《中国语言生活状况报告》课题组(2006)《中国语言生活状况报告(2005)》,北京:商务印书馆。
4. 北京语言学院语言教学研究所(1986)《现代汉语频率词典》,北京:北京语言学院出版社。
5. 布龙菲尔德(袁家骅等译)(1997)《语言论》,北京:商务印书馆。
6. 柴省三(2002) 关于HSK(初、中等)平行信度的实证研究,《汉语学习》第2期。
7. 常晓宇(2005) 效度理论的变迁,载孙德金主编《语言测试专业硕士论文精选》,北京:北京语言大学出版社。
8. 陈　宏(1995) 关于考生团体异质程度对HSK(初中等)信度的影响,载《汉语水平考试研究论文集》,北京:现代出版社。
9. 陈　宏(1996) 第二语言能力结构研究回顾,《世界汉语教学》第2期。
10. 陈　宏(1997a) 在汉语能力测验中如何建立结构效度,《语言教学与研究》第2期。
11. 陈　宏(1997b) 结构效度与汉语能力测验——概念与理论,《世界汉语教学》第3期。
12. 陈　宏(1997c) 汉语能力结构差异的检验与分析,载《汉语作为第二语言的习得研究》,北京:北京语言文化大学出版社。

13. 陈　宏(1999) 语言能力测验的结构效度检验及其意义,《世界汉语教学》第1期。

14. 陈松岑、徐大明、谭慧敏(1999) 新加坡华人的语言态度和语言使用情况的研究报告,载李如龙主编《东南亚华人语言研究》,北京:北京语言文化大学出版社。

15. 陈田顺(1995) 谈高等HSK的主观性考试,《世界汉语教学》第3期。

16. 程红兵(1994) 高考语文测试的反思与前瞻,《江西教育科研》第3期。

17. 程雨民(2003)《汉语字基语法——语素层造句的理论和实践》,上海:复旦大学出版社。

18. 戴海崎(2006)《心理与教育测量》,广州:暨南大学出版社。

19. 戴汝潜(1999)《汉字教与学》,济南:山东教育出版社。

20. 方渭泉(1986) 写作信度琐议,《语文教学通讯》第6期。

21. 关辛秋(1997) HSK对少数民族学生的适用性分析,《中央民族大学学报》第6期。

22. 桂诗春(1988) 中国学生英语阅读能力诸因素分析——一份实验报告,载《应用语言学与中国英语教学》,济南:山东教育出版社。

23. 桂诗春、宁春岩(1997)《语言学方法论》,北京:外语教学与研究出版社。

24. 郭树军(1989) HSK阅读理解试题的设计,载刘英林主编《汉语水平考试(HSK)研究》,北京:现代出版社。

25. 郭树军(1995) 汉语水考试(HSK)项目内部结构效度检验,载北京语言学院汉语水平考试中心编《汉语水平考试研究论文选》,北京:现代出版社。

26. 国家对外汉语教学领导小组办公室汉语水平考试部(1992)《汉语水平词汇与汉字等级大纲》,北京:北京语言学院出版社。

27. 国家对外汉语教学领导小组办公室(2002)《高等学校外国留学生汉语言专业教学大纲》,北京:北京语言文化大学出版社。

28. 郭　熙(2002) 域内外汉语协调问题刍议,《语言文字应用》第3期。

29. 郭 熙(2004a)“对外汉语学”说略,《汉语学习》第3期。

30. 郭 熙(2004b)海外华人社会中汉语(华语)教学的若干问题——以新加坡为例,《世界汉语教学》第3期。

31. 郭 熙(2004c)论华语,《暨南大学华文学院学报》第2期。

32. 郭 熙(2004d)《中国社会语言学》,杭州:浙江大学出版社。

33. 郭 熙(2006a)海外华语教学研究的现状与展望,《世界汉语教学》第1期。

34. 郭 熙(2006b)论华语视角下的语言规划,《语文研究》第1期。

35. 郭 熙(2006c)论华语研究,《语言文字应用》第2期。

36. 郭 熙(主编)(2007)《华文教学概论》,北京:商务印书馆。

37. 国家汉语水平考试委员会办公室(1995)《中国汉语水平考试大纲(高等)》,北京:北京语言文化大学出版社。

38. 国家语言资源监测与研究中心(2007)《中国语言生活状况报告(2006)》,北京:商务印书馆。

39. 何 芳(1995)汉语水平考试(HSK)信度、效度分析报告,载北京语言学院汉语水平考试中心编《首届汉语考试国际学术讨论会论文选》,北京:北京语言学院出版社。

40. 何 寅(2002)《国外汉学史》,上海:上海外语教育出版社。

41. 胡明扬(2003)《胡明扬语言学论文集》,北京:商务印书馆。

42. 胡明扬(主编)(1996)《词类问题考察》,北京:北京语言学院出版社。

43. 胡壮麟(1996)Lyle F. Bachman谈语言测验的设计和开发,《外语与外语教学》第3期。

44. 黄润龙、鲍思顿(1998)九十年代初美籍华人社会经济态势研究,《人口与经济》第3期。

45. 霍兰德、鲁宾编(叶佩华等译)(1990)《测验等值》,广州:广东高等教育出版社。

46. 贾益民、许迎春(2005)新加坡华语特有词语补例及其与普通话词语差异分析,《暨南大学华文学院学报》第4期。

47. 姜德梧(1999) 中国汉语水平考试(基础)的设计原则和试卷构成,《世界汉语教学》第3期。

48. 姜德梧(2002) 从HSK到民族汉考——民族汉考刍议,《中国民族教育》第3期。

49. 金 名、红 尘(2002) 汉语水平考试(HSK)等级结构中的几个系统理论问题,《汉语学习》第2期。

50. 柯传仁、柳 明(1993) 介绍一种中文口语能力测试——OPI,《语言教学与研究》第2期。

51. 李 辉(1999) 学前及初小儿童中文识字量表的编制与初步效应检验,《心理发展与教育》第3期。

52. 李 彤(2005) 近十年对外汉语词汇教学研究中的三大流派,《语言文字应用》第3期。

53. 李大遂(2003) 中高级留学生识字量抽样测试报告,《暨南大学华文学院学报》第2期。

54. 李光荣(1990) 完形程序的由来及其在教学中的发展,《外语教学与研究》第4期。

55. 李国炎等编(2001)《当代汉语词典》,上海:上海辞书出版社。

56. 李海燕、蔡云凌、刘颂浩(2003) 口语分班测试题型研究,《世界汉语教学》第4期。

57. 李 慧、朱军梅(2005) 汉语水平考试J324卷构想效度的验证研究,载谢小庆主编《中国汉语水平考试(HSK)研究报告精选》,北京:北京语言大学出版社。

58. 李明欢(2003) 当代欧洲华人人口构成剖析,载郝时远主编《海外华人研究论文集》,北京:中国社会科学出版社。

59. 李清华(1999)《汉语水平词汇与汉字等级大纲》的词汇量问题,《语言教学与研究》第1期。

60. 李小兵等(2003)《美国华人:从历史到现实》,成都:四川人民出版社。

61. 李秀坤(2003) 印尼坤甸等六市华文教育现状调查研究,《广东外语外贸大学学报》第 2 期。
62. 李宇明(1997) 汉语语法"本位"评论,《世界汉语教学》第 1 期。
63. 李贞祥(2004) 客观试题与语文教学,《咸宁师专学报》第 4 期。
64. 刘海英、冯喜梅(2001) 语文能力考核方法浅议,《大同职业技术学院学报》第 2 期。
65. 刘镰力、李　明、宋绍周(1994) 高等汉语水平考试的设计原则和试卷构成,《语言教学与研究》第 1 期。
66. 刘镰力(1995) 高等汉语水平考试的性质和等级分数的划分,载北京语言学院汉语水平考试中心编《汉语水平考试研究论文选》,北京:现代出版社。
67. 刘镰力(1997) HSK(高等)口试探索,《世界汉语教学》第 2 期。
68. 刘镰力(1999) 中国汉语水平考试(HSK)的等级体制,《世界汉语教学》第 3 期。
69. 刘颂浩(1995) 汉语等距离完形填空测试报告,《世界汉语教学》第 2 期。
70. 刘颂浩(2001) 对外汉语听力教学研究述评,《世界汉语教学》第 2 期。
71. 刘颂浩、钱旭菁、汪燕(2002) 交际策略与口语测试,《世界汉语教学》第 2 期。
72. 刘文辉、宗世海(2006) 印尼华语区域词语初探,《暨南大学华文学院学报》第 1 期。
73. 刘　珣(2000)《对外汉语教育学引论》,北京:北京语言文化大学出版社。
74. 刘　珣等(1986) 汉语水平考试的设计与测试,载北京语言学院汉语水平考试中心编《第一届国际汉语教学讨论会论文选》,北京:北京语言学院出版社。
75. 刘　珣(2000)《对外汉语教育学引论》,北京:北京语言文化大学出版社。
76. 刘英林(1994) 高等汉语水平考试的总体设计与理论思考,《语言文字应用》第 1 期。
77. 刘英林(1996a) 中国汉语水平考试十年(一),《汉语学习》第 4 期。
78. 刘英林(1996b) 中国汉语水平考试十年(二),《汉语学习》第 5 期。

79. 刘英林(1996c) 中国汉语水平考试十年(三),《汉语学习》第 6 期。

80. 刘英林、郭树军(1991) 汉语水平考试(HSK)研究的新进展——兼论 HSK 考试质量的三环控制,载北京语言学院汉语水平考试中心编《第三届国际汉语教学讨论会论文选》,北京:北京语言学院出版社。

81. 刘英林、郭树军、王志芳(1988) 汉语水平考试(HSK)的性质和特点,《世界汉语教学》第 2 期。

82. 刘英林、宋绍周(1992) 汉语常用字词的统计与分级,《中国语文》第 3 期。

83. 娄　毅、朱瑞平(2006) 关于 AP 汉语与文化考试,《语言文字应用》第 2 期。

84. 卢绍昌(1984)《华语论集》,新加坡:新加坡金昌印务。

85. 陆庆和(2003) 关于"中国语检定",《世界汉语教学》第 2 期。

86. 鹿士义、余嘉元(2003) 当前 HSK 中若干值得进一步研究的课题探讨,《汉语学习》第 4 期。

87. 吕必松(1989)《汉语水平考试(HSK)研究》序,载刘英林主编《汉语水平考试(HSK)研究》,北京;现代出版社。

88. 吕必松(1992)《华文教学讲习》,北京:北京语言学院出版社。

89. 吕必松(1996)《对外汉语教学概论(讲义)》,国家教委对外汉语教师资格审查委员会办公室。

90. 吕叔湘(1980)《语文常谈》,北京:三联书店。

91. 洛　德、诺维克(叶佩华主译)(1991)《心里测验分数的统计理论》,福州:福建教育出版社。

92. 马庆株(1981) 时量宾语和动词的类,《中国语文》第 2 期。

93. 马新芳(2005) 对第二语言阅读能力和写作能力关系的实证分析,载孙德金主编《语言测试专业硕士论文精选》,北京:北京语言大学出版社。

94. 马　真(1997)《简明实用汉语语法教程》,北京:北京大学出版社。

95. 毛　悦(1997) 对一次留学生话语能力测试的分析,《世界汉语教学》第 3 期。

96. 孟　国(1996)"电视实况视听说"课的教学实践与理论探讨,《天津师大学报(社会科学版)》第 6 期。

97. 孟 国(1998) 口误与对外汉语实况教学,《语言教学与研究》第 3 期。

98. 孟 国(2006) 汉语语速与对外汉语教学,《世界汉语教学》第 1 期。

99. 孟 国(2007) 对外汉语听力教学中语速问题的调查和思考,《第八届国际汉语教学讨论会论文选》,北京:高等教育出版社。

100. 莫泰熙(2003) 英文教育回流对马来西亚华文教育的挑战,《暨南大学华文学院学报》第 4 期。

101. 潘文国(1997)《汉英语对比纲要》,北京:北京语言大学出版社。

102. 潘文国(2002)《字本位与汉语研究》,上海:华东师范大学出版社。

103. 潘文国(2004) 论"对外汉语"的学科性,《世界汉语教学》第 1 期。

104. 潘月华等(2001)《实用现代汉语语法》,北京:商务印书馆。

105. 任 杰(2002) 中国境内外 HSK 考生成绩公平性的分析,《语言教学与研究》第 5 期。

106. 任春艳(2000) HSK 作文评分客观化探讨,《汉语学习》第 6 期。

107. 任杰、李航(2000) HSK 成绩中关于女性考生公平性的分析,载《对外汉语教学论文集》,北京:北京语言大学出版社。

108. 任杰、谢小庆(2002) 中国少数民族考生与外国考生 HSK 成绩的公平性分析,《心理学报》第 2 期。

109. 任筱萌(2000) 高等 HSK 命题、评分过程再解析,《汉语学习》第 2 期。

110. 桑代克(叶佩华等译)(1985)《心理与教育的测量和评价》,北京:人民教育出版社。

111. 邵敬敏(2000)《HSK 汉语水平考试词典》编写的原则与方法,《汉语学习》第 2 期。

112. 盛 炎(1990)《语言教学原理》,重庆:重庆出版社。

113. 石佩雯、李继禹 (1977) 听力训练在语言教学中的作用,《语言教学与研究》第一集,北京:北京语言学院出版社。

114. 孙剑艺(2003) 论字、词、语素的本位问题,《山东大学学报》第 4 期。

115. 索绪尔(高名凯译)(1999)《普通语言学教程》, 北京:商务印书馆。

116. 汤志祥(2005) 论华语区域特有词语,《语言文字应用》第 2 期。

117. 田惠刚(1994a) 海外华语与现代汉语的异同,《湖北大学学报》第 4 期。

118. 田惠刚(1994b) 新加坡的华语规范化和华语教学,《语文建设》第 1 期。

119. 田　靓(2006) 言语速度对留学生听力理解的影响,《汉语学习》第 2 期。

120. 田清源(2007) HSK 主观考试评分的 Rasch 实验分析,《心理学探新》第 1 期。

121. 汪惠迪(1990) 新加坡华语词汇的特点,《语文建设通讯》(香港)第 16 期。

122. 汪惠迪(1999a)《新加坡特有词语词典(*Times Dictionary of Singapore Chinese*)》,新加坡:联邦出版社。

123. 汪惠迪(1999b) 华语特有词语:新加坡社会写真,《扬州大学学报》第 4 期。

124. 王爱平(2000) 东南亚华裔学生的文化认同与汉语学习动机,《华侨大学学报》第 3 期。

125. 王爱平(2004) 印尼华裔青少年语言与认同的个案分析,《华人华侨历史研究》第 4 期。

126. 王功平(2004) 印尼华裔留学生汉语普通话双音节上上连续调偏误实验研究,《暨南大学华文学院学报》第 4 期。

127. 王汉澜(1987)《教育测量学》,开封:河南大学出版社。

128. 王汉卫(2002) “标准”与“基石”——基础阶段对外汉语语音教学的新思考,《暨南大学华文学院学报》第 2 期。

129. 王汉卫(2004) 声调性质作用的再认识与声调教学,《语言教学与研究》第 3 期。

130. 王佶旻(2002) 国外语言测验领域对语言能力的研究述评,载谢小庆主编《考试研究文集(第 1 辑)》,北京:经济科学出版社。

131. 王佶旻(2002) 三类口语考试题型的评分研究,《世界汉语教学》第 4 期。

132. 王若江(2000) 由法国“字本位”汉语教材引发的思考,《世界汉语教学》第 3 期。

133. 王小玲(2005) 预测样本变化对题目难易度的影响及相关问题,《世界汉语教学》第 2 期。

134. 王孝玲(2004)《教育测量》,上海:华东师范大学出版社。

135. 王又民(1994) 现代汉语常用词分析及词汇教学,《世界汉语教学》第 2 期。

136. 王又民(2002) 中外学生词汇和汉字学习对比分析,《世界汉语教学》第 4 期。

137. 王媛媛(2004)《HSK(高等)口语考试两种评分方法的效度比较研究》(北京语言大学 2004 硕士学位论文)。

138. 王志芳(1989) HSK 听力理解试题的设计,载刘英林主编《汉语水平考试研究》,北京:现代出版社。

139. 温忠麟(2006)《心理与教育统计》,广州:广东高等教育出版社。

140. 吴英成(1988) 以克漏字来探讨新加坡的华语教学,载北京语言学院汉语水平考试中心编《第二届国际汉语教学讨论会论文选》,北京:北京语言学院出版社。

141. 谢世涯、苏启祯(1992) 认字辨词与阅读理解能力,《语言教学与研究》第 4 期。

142. 谢世涯、苏启祯(1993) 构词能力与偏误分析,《语言文字应用》第 2 期。

143. 谢小庆(1988)《心里测量学讲义》,武汉:华中师范大学出版社。

144. 谢小庆(1995a) 汉语水平考试的分数体系,载北京语言学院汉语水平考试中心编《首届汉语考试国际学术讨论会论文选》,北京:北京语言学院出版社。

145. 谢小庆(1995b) 高等汉语水平考试(HSK(高等)) 的分数体系,载北京语言学院汉语水平考试中心编《汉语水平考试研究论文选》,北京:现代出版社。

146. 谢小庆(2002) 对 15 种测验等值方法的比较研究,《心理学报》第 2 期。

147. 谢小庆(主编)(2002)《考试研究文集(第 1 辑)》,北京:经济科学出版社。

148. 谢小庆(主编)(2004)《考试研究文集(第 2 辑)》,北京:经济科学出版社。

149. 谢泽文(1994) 填字测验在语文教学上的功用,《新加坡华文教学论文集》,北京:北京语言学院出版社。

150. 邢福义(1996)《汉语语法学》,长春:东北师范大学出版社。

151. 徐耀宗(2005) 华文教育当务之急，载《第三届印尼华文教育研讨会论文集》(雅加达)。
152. 徐　枢(1990)《语素》，北京：人民教育出版社。
153. 徐通锵(1997)《语言论》，长春：东北师范大学出版社。
154. 杨承青、张晋军(2007) 汉语水平考试(HSK)改革设想，《语言文字应用》第3期。
155. 杨　红(2003)《口语测试评分研究》(重庆大学硕士学位论文)。
156. 杨惠元(1996)《汉语听力说话教学法》，北京：北京语言文化大学出版社。
157. 杨锡彭(2003)《汉语语素论》，南京：南京大学出版社。
158. 俞爱菊(1990) 多项选择答案对 Cloze Test 的影响，《外语教学与研究》第1期。
159. 苑春法、黄昌宁(1998) 基于语素数据库的汉语语素及构词研究，《世界汉语教学》第2期。
160. 张凤麟(2004) 中国少数民族汉语水平等级考试(MHK)简介，《延边教育学院学报》第5期。
161. 张和生(1996) OPI 与汉语口语水平的测试，《北京师范大学学报》第6期。
162. 张厚粲(1986)《心理与教育统计学》，北京：北京师范大学出版社。
163. 张　凯(1995) 汉语水平考试结构效度初探，载北京语言学院汉语水平考试中心编《首届汉语考试国际学术讨论会论文选》，北京：北京语言学院出版社。
164. 张　凯(1997) 汉语构词基本字的统计分析，《语言教学与研究》第1期。
165. 张　凯(2002a)《标准参照测验理论研究》，北京：北京语言文化大学出版社。
166. 张　凯(2002b)《语言测验理论与实践》，北京：北京语言文化大学出版社。
167. 张　凯(2004a) HSK 等级分数的问题，《世界汉语教学》第1期。
168. 张　凯(2004b) 语言测验的测度和精度，《语言文字应用》第4期。
169. 张　凯(2005) Performance 是运用还是表现，载张凯主编《语言测验及测量理论研究》，北京：北京语言大学出版社。

170. 张　颖(1988) 多项选择题的理论依据和实际效果,《外语教学与研究》第 2 期。

171. 张敏强(1993)《教育与心理统计学》,北京:人民教育出版社。

172. 张敏强(1998)《教育测量学》,北京:人民教育出版社。

173. 张志公(1981) 谈汉语的语素,《语言教学与研究》第 4 期。

174. 赵元任(2002) 汉语词的概念及其结构和节奏,载《赵元任语言学论文集》,北京:商务印书馆。

175. 郑厚尧、李祖明(2002) 听力理解与短时记忆,《外语界》第 3 期。

176. 郑日昌(1985)《心理测量》,长沙:湖南教育出版社。

177. 中国社会科学院语言研究所词典编辑室(2005)《现代汉语词典》(第 5 版),北京:商务印书馆。

178. 周　华(2005) 四种完形填空测试方法的信、效度检验,载孙德金主编《语言测试专业硕士论文精选》,北京:北京语言大学出版社。

179. 周　健(1998a) 留学生汉字教学的新思路,《暨南学报》第 2 期。

180. 周　健(1998b) 浅议东南亚华文教师的培训,《暨南学报》第 4 期。

181. 周　健(2004) 也谈"对外汉语"及学科名称问题,《世界汉语教学》第 2 期。

182. 周　健、彭小川、张　军(2004)《汉语教学法研修教程》,北京:人民教育出版社。

183. 周　健、尉万传(2004) 研究学习策略,改进汉字教学,《暨南大学华文学院学报》第 1 期。

184. 周烈婷(1999) 从几个例子看新加坡华语和普通话的词义差别,《语言文字应用》第 1 期。

185. 周南京(1993)《世界华侨华人词典》,北京:北京大学出版社。

186. 周清海(1994) 文化、智力、性别与双语能力——以新加坡双语能力为例,载谢泽文编《新加坡华文教学论文集》,北京:北京语言学院出版社。

187. 周清海(1997)《华文教学应走的路向》,新加坡:南洋理工大学中华语言文化中心。

188. 周清海(2001)《语文测试里的语文问题》,载《新加坡华文教学论文二集》,新加坡:泛太平洋出版私人有限公司。

189. 周清海(2002)《新加坡华语词汇与语法》,新加坡:玲子传媒私人有限公司。

190. 周清海(2003)《华语教学语法》,新加坡:玲子传媒私人有限公司。

191. 周清海(2004)《语言与语言教学论文集》,新加坡:泛太平洋出版社。

192. 周上之(2006)《汉语离合词研究——汉语语素、词、短语的特殊性》,上海:上海外语教育出版社。

193. 周有光(2003)《世界文字发展史》,上海:上海世纪出版社、上海教育出版社。

194. 周聿峨(1995)《东南亚华文教育》,广州:暨南大学出版社。

195. 朱德熙(1982)《语法讲义》,北京:商务印书馆。

196. 朱敬先(1973)《华侨教育》,台湾:台湾中华书局。

197. 朱作仁(1991)《语文测验原理与实施法》,上海:上海教育出版社。

198. 庄国土(2001)《华侨华人与中国的关系》,广州:广东高等教育出版社。

199. 庄兆声(2004)《马来西亚基础教育》,广州:广东教育出版社。

200. 宗世海(2007a) 海外华人社会及其语言状况,载郭熙主编《华文教学概论》,北京:商务印书馆。

201. 宗世海(2007b) 海外华文教育事业的发展,载郭熙主编《华文教学概论》,北京:商务印书馆。

202. 宗世海、李　静(2004) 印尼华文教育的现状、问题及对策,《暨南大学华文学院学报》第3期。

203. Lado, R. 1961, *Language Testing: the construction and use of foreign language test*, Longman.

204. McNamara Tim 2003, *Language Testing*, 上海:上海外语教育出版社。

205. Lyle F. Bachman 1999, *Fundamental Considerations in Language Testing*, 上海:上海外语教育出版社。

206. Lyle F. Bachman & Adrian S Palmer 1999, *Language Teating in Practice*, 上海:上海外语教育出版社。

207. Henning, G. 1987, *A Guide to Language Testing, Development, Evaluation*, Research, Cambridge: Newbury House Publishers.

208. Chomsky N. 2000, *New Horizons in the Study of Language and Mind*, Cambridge: Cambridge University Press.

后 记

大概是 2003 年，那时候还刚刚认识郭熙老师。有一次闲谈的时候，我说华裔不同于一般意义上的外国人，华语测试应该独立出来，郭老师说："你可以做呀！"——就此与郭老师、与华语结了缘。

几年前我于测试还完全是门外汉，看过一些论文，只鳞片爪、不甚了了。后来确定论文研究方向的时候，郭老师否定了我的其他想法，建议做华语测试。我知道这个题目价值很大，但对我来说是块硬骨头。

三年兼学习和工作的博士生活一晃即逝，博士毕业后一晃又是三个年头。两个三年过去，得到三个感悟和许多感谢，写在这里，权且做为后记。

一是坚定了为华语测试摇旗呐喊的信念。

二是对"社会科学"跟"科学"的区别，有了自己的认识。科学是为所有人的，社会科学则可能是为部分人的。正因为科学是为所有人的，考虑问题的时候可以忽略"人"这个公约数，而专注于"物"。社会科学则正好相反，例如语言测试，如果把它当成一门科学，把主要的精力花在数据("物")上，而忽略了对"人"的关注，无异于舍本逐末。陈宏所谓"技术上的巨人，理论上的矮子"大概就是这样形成的。

三是渐渐明白了"做人难"、"做研究者更难"。这样说一点也不悲观，因为原本如此，否则倒是盲目乐观了。这样想来，也就不去苛求别人乃至自己了，"尽心焉而已矣"。

本书能面世，首先感谢的是我的导师郭熙教授，没有老师的引领，当年的闲谈就真成了闲谈，根本不会有今天的成果。博士期间的授业恩师彭小川老师、伍巍老师、邵敬敏老师，他们都永远是我的老师，是我企图用一生追赶的榜样。感谢暨南大学华文学院的慷慨资助，感谢曾毅平院长的大力支持。

感谢我的父母，在我考博和毕业前的紧张时期他们都跟我住在一起，老人生我养我，直到读博士还是我最强大的支持。感谢我的妻子苏印霞，二十年，手拉手，走到中年，走向老年。一天天老去本来是挺伤感的事，有手拉就不一样，就变成最浪漫。我也要感谢女儿王乃晴，因为孩子从不需要我费心、闹心、揪心，当然我还是会关心。以前跟孩子立下一个誓：她考大学，我评教授。结果是她先赢了。老子跑不赢孩子是必须的，输得高兴，打个平手也许更好。

本书的责任编辑吕幼筠女士热情友好、精心编纂、鼎力相助，感谢之余，还期盼以后有更多的合作。我的同门祝晓宏博士在我论文写作上也给过我不少启发，虽是同门，比我小很多，青春年少，前途无量。我的学生李冬萍、刘海娜、李金秋、刘静、王士雷、赵小莉帮我校对过本书的文字，一并致谢。

最后，特别要感谢的是 HSK 的开发者，他们筚路蓝缕，开启汉语作为第二语言测试之山门，我是他们门外的学生。

愿华语有一个灿烂的未来！愿华语测试有一个美好的明天！

王汉卫于广州侨源山庄

jinanwhw@126.com

2011 年 6 月 1 日